ESCRITA POR JUAN CARLOS ORTIZ Y MARTHA PALAU

DE LAS SELVAS A LAS CATEDRALES

La apasionante historia de

JUAN CARLOS ORTIZ

ESCRITA POR JUAN CARLOS ORTIZ Y MARTHA PALAU

DE LAS SELVAS A LAS CATEDRALES

La apasionante historia de

JUAN CARLOS ORTIZ

 Vida®

La misión de Editorial Vida es ser la compañía líder en comunicación cristiana que satisfaga las necesidades de las personas, con recursos cuyo contenido glorifique al Señor Jesucristo y promueva principios bíblicos.

De las selvas a las catedrales
Edición en español publicada por
Editorial Vida – 2010
Miami, Florida

Edición: *Gisela Sawing*
Diseño interior: *Grupo del Sur*
Diseño cubierta: *Pablo Snyder*

ISBN: 978-0-8297-5272-4

CATEGORÍA: Biografía y Autobiografía

IMPRESO EN ESTADOS UNIDOS DE AMÉRICA
PRINTED IN THE UNITED STATES OF AMERICA

11 12 13 ❖ 6 5 4 3 2

ELOGIO AL TESTIMONIO DEL
DR. JUAN CARLOS ORTIZ POR LUIS PALAU

Yo pensaba que en realidad conocía al Rvdo. Dr. Juan Carlos Ortiz desde hace 52 años; pero al leer su autobiografía ¡ahora en realidad «le conozco»! Usted también lo conocerá al leer el relato de su vida agitada y desafiante.

Desde su niñez hasta su conversión a Jesucristo a los 12 años; desde su comienzo precoz a predicar el evangelio de Cristo llegando con el tiempo a establecer siete iglesias; usted se emocionará con su experiencia.

Muy joven en su vida Juan Carlos Ortiz llegó a ser bien conocido en círculos evangélicos de Argentina. Su predicación dramática atrajo primero a cientos, y después a miles, extendiéndose primero por América Latina, luego a Norteamérica, Europa y el mundo. Su estilo confrontacional al principio produjo casi motines, a veces amenazas, y la mayoría del tiempo, admiración. Sean cuales hayan sido las reacciones, no se podía ignorar a Juan Carlos. Él ha sido una persona singular, encantadora, desde su temprana conversión a Señor Jesucristo.

Desde la etapa inicial del ministerio como evangelista itinerante junto con su esposa Martha, la segunda fase pastoral más establecida de desarrollar una iglesia, hasta su servicio maduro internacional en muchas naciones, usted leerá del poder del Espíritu Santo en la vida victoriosa de Juan Carlos por Jesucristo.

También recibirá lecciones fundamentales de la vida de fe al leer su cándida admisión de sus errores y su perseverancia para la gloria de Dios.

La obra de Dios en la vida de Juan Carlos, «el querer como el hacer para que se cumpla su buena voluntad» (Filipenses 2:13), le enseñará a servir al Señor Jesucristo y cómo evitar las trampas del mundo, la carne y el diablo.

Su esposa Martha, que es la segunda de cinco hermanas, ha trabajado codo con codo con el Dr. Ortiz desde que se conocieron y se casaron hasta el día de hoy. Su vida consagrada y dedicada, su servicio de amor y espiritual al reino de Dios y las iglesias en las que han servido han honrado a su Señor y Salvador desde su adolescencia. Por consiguiente, pienso que «¡Hiciste bien, siervo bueno y fiel!» (Mateo 25:21) será el elogio bíblico, bien ganado, de nuestro Señor Jesucristo tanto para ella como para el Dr. Ortiz, mi respetado y querido cuñado.

CONTENIDO

Prólogo 9

Capítulo 1: La salvación ha llegado a esta casa 11

Capítulo 2: La iglesia de mis primeros años 19

Capítulo 3: El seminario y mi bautismo en el Espíritu 25

Capítulo 4: Mi primera visión 31

Capítulo 5: Mi experiencia con Tommy Hicks 37

Capítulo 6: Nada volvió a ser igual 43

Capítulo 7: Mi primer viaje a los Estados Unidos 49

Capítulo 8: De regreso a la Argentina 55

Capítulo 9: La reconciliación con mi iglesia italiana 67

Capítulo 10: Señor, ¿qué pasa conmigo? 75

Capítulo 11: Martha, la mejor decisión 79

Capítulo 12: Mi propia familia 85

Capítulo 13: Un sueño nuevo: «Predicar y enseñar» 91

Capítulo 14: Tabernáculo de la Fe, Hidalgo 357 97

Capítulo 15: La renovación espiritual 105

Capítulo 16: La renovación llega a los católicos 109

Capítulo 17: Un aprendizaje iluminado en los años 60 119

Capítulo 18: Elementos de la renovación espiritual 129

Capítulo 19: Estados Unidos, ¿un nuevo hogar? 139

Capítulo 20: Posibilidad confirmada 147

Capítulo 21: Ingreso al mundo presbiteriano 155

Capítulo 22: La convocatoria de la Catedral de Cristal 167

Capítulo 23: Asombroso crecimiento del ministerio hispano 175

Capítulo 24: Luego de mi enfermedad 183

Capítulo 25: Muy importante: Mi familia 187

Capítulo 26: Mi viaje en los años cumbre 197

Anexo: ¿Cómo me imagino a Dios? 203

Poesía: 213

PRÓLOGO (O ADVERTENCIA)

Este libro no necesita un prólogo, aunque sí una advertencia. Juan Carlos Ortiz siempre ha disfrutado de sorprender, afectar y conmover a su público, y eso es lo que este libro va a producir en sus lectores.

Adelantado, el mejor predicador de su generación, audaz, sincero, revolucionario, pastor de pastores y verdadero profeta son algunas de las descripciones que a lo largo de los años he escuchado decir en referencia a Juan Carlos Ortiz.

Sin lugar a dudas Juan Carlos ha sido alguien que Dios levantó para hablarle a su pueblo con una unción fresca y determinante y con un mensaje coherente con los intereses de Cristo. Su historia ha sido la conmovedora aventura de alguien que lo entrega todo por seguir a Jesús y sufre las consecuencias de su sacrificio con el gozo de alguien que sabe pagar un alto precio por su corona. Nadie que lea este libro quedará igual, porque nadie que conoció a Juan Carlos y a su esposa Martha ha continuado igual luego de conocerlos.

Hace algunos años tuve el privilegio de trabajar a su lado y pude ver con mis propios ojos el back-stage de su pasión. Aprendí lo siguiente: Ellos hablan de la extensión del Reino de Dios cada día de sus vidas. Evangelizar no es solamente un tema a tratar en la iglesia, sino su más fuerte compromiso, un objetivo que los ha llevado de las selvas a las catedrales a compartir la buenas nuevas del evangelio con toda persona que han podido. En esa aventura han fundado más de una decena de congregaciones en diferentes países, han visto nacer espiritualmente miles de vidas y han exhortado a la iglesia en diferentes continentes a vivir una vida cristiana real y vibrante.

Considero un gran aporte a la iglesia entera y sobre todo a los líderes de la nueva generación que nos cuenten su testimonio de vida y es por eso que en Editorial Vida publicamos este libro con muchísima emoción y agradecimiento. Estas páginas están llenas de enseñanza y sobre todo de una honestidad que los líderes de hoy no nos podemos dar el lujo de ignorar. En una época donde necesitamos con urgencia conocer de héroes contemporáneos que den testimonio de que el poder del evangelio puede disfrutarse hoy, Juan Carlos y Martha Ortiz nos cuentan la historia de lo que la poderosa mano de Dios puede hacer con personas entregadas plenamente a los planes divinos.

Lucas Leys

CAPÍTULO 1
La salvación ha llegado a esta casa

Hilario era un ingeniero vial y ganaba un buen salario. Vivía en una casa muy bonita que le había proporcionado la compañía de trenes ingleses junto a su esposa Concepción, cariñosamente llamada «Doña Mema», y sus cuatro hijos. Luego de ocho años de haber nacido su hijo menor, Doña Mema estaba esperando su quinto hijo: yo. Resulté ser una sorpresa para ellos, por cierto; pero no para Dios.

La familia tenía todo el potencial para ser muy feliz, pero mi padre era alcohólico. La mayor parte de su salario lo gastaba en su adicción. La mayoría de las veces no volvía a casa por una o dos semanas. Cuando se le acababa el último centavo, entonces regresaba. Mamá, maltratada por él, además trabajaba en nuestro hogar como costurera para mantener a sus cuatro hijos. Cuando quedó embarazada del quinto niño no pudo soportarlo. Se deprimió tanto que tuvo ideas de marcharse con los cuatro niños, incluso de suicidio. En casa no había suficiente comida, tampoco ropa. Pensaba que no había futuro ni para sus hijos ni para ella misma, ya no tenía sentido vivir esa clase de vida.

Un caluroso día de verano, mientras cosía en su máquina, sonó el timbre. En la puerta había dos mujeres jóvenes con folletos en sus manos. Ellas traían el mensaje de salvación a nuestro hogar. Grace Strachan y Beatriz Miles, dos misioneras enviadas por la iglesia de los Hermanos Libres en acción conjunta con la Unión Bíblica, habían llegado a la Argentina para evangelizar desde Invercargo, Nueva Zelandia.

Argentina es un país fundamentalmente católico, y en esos días solo había alrededor de un dos por ciento de evangélicos en todo el territorio. Mi madre estaba agotada y no tenía tiempo para perder, así que les dijo a las jóvenes que estaba tan ocupada que no podía escucharlas. Agregó además que ella era católica y no tenía intenciones de cambiar de religión.

LA TERCERA ES LA VENCIDA

Una semana más tarde, las misioneras regresaron, y por segunda vez mi madre las echó. Evidentemente, las jóvenes estaban decididas a lograr su misión e insistieron una tercera vez. En esta oportunidad, el día estaba realmente caluroso y la temperatura había llegado a los treinta y ocho grados centígrados. Al verlas, mi madre tuvo un sentimiento de culpa y las dejó pasar. Les ofreció agua fría y en pocas palabras les explicó por qué no tenía tiempo para atenderlas. Les dijo: «Como ven, estoy cosiendo en esta máquina desde la mañana hasta la noche para alimentar a mis hijos. No hay un día libre para mí. Mi esposo es alcohólico y yo estoy terriblemente deprimida. Mi vida podría haber sido mucho mejor, pero se ha convertido en una agonía constante. Al final del túnel no veo luz, futuro o educación para mis hijos. No quiero vivir más».

Acertadamente la señorita Grace respondió: «Por eso Dios nos envió hoy aquí. Jesús dijo: "Vengan a mí todos ustedes que están cansados y agobiados, y yo les daré descanso". Jesús es la respuesta a su situación». Oraron por mi madre y allí mismo recibió a Cristo en su vida. Su conversión fue radical. Dios le dio un corazón nuevo. De inmediato recibió el gozo de la salvación y comenzó a ver la vida con otros ojos. En ese momento se produjo un gran giro en su vida y en nuestra casa. Comenzó a asistir a la iglesia, que solo estaba a unas cuadras de nuestro hogar. Aprendió los himnos y los coros, y los cantaba mientras cosía. La esperanza había llenado su corazón.

A partir de ese día, Jesús pasó a ser el Señor de nuestra casa. Ella creía y obedecía todo lo que aprendía en la iglesia. Las señoritas Grace y Betty la visitaban continuamente y la discipulaban. ¡Con razón nuestro hogar se convirtió en una familia de misioneros!

Mientras mi mamá estaba embarazada de mí, fue bautizada. ¡He sido bautizado dos veces! Todos en casa iban a la escuela dominical, nunca nadie se perdía esas clases. Sus cinco hijos se volvieron predicadores y nos transformamos en un hogar lleno de hospitalidad para los misioneros. Papá también recibió a Cristo, pero no pudo abandonar el vicio del whisky y otras bebidas blancas. En realidad recibió a Cristo muchas veces y hasta fue bautizado, pero nunca fue libre de su adicción.

Pocos días después de su conversión, mi madre tuvo un sueño. Vio a un hombre vestido de smoking que la llevaba a un gran centro comercial e ingresaba a un supermercado y una tienda departamental. Este hombre la presentaba al dueño de cada negocio y le decía: «Me casé con esta mujer, satisfagan todas sus necesidades». Mamá creía que aquel hombre era Jesucristo y que cada una de sus necesidades sería satisfecha. Verdaderamente experimentamos milagros. Ella pudo satisfacer todas nuestras necesidades y educarnos a todos. Fue una madre que le dio mucho amor a sus cinco hijos: Rosalía, Rubén, Elsa, Horacio y yo. Ella sacrificó su vida para alimentarnos y educarnos. Si bien trabajó largas horas como costurera, comenzando desde muy temprano por la mañana hasta muy tarde por la noche, desde que conoció a Dios cantaba todo el día. Ella tomó el hecho de seguir a Cristo con mucha seriedad.

Antes de continuar me gustaría honrar la fidelidad y la coherencia de estas dos maravillosas misioneras de los Hermanos Libres que, a pesar de haber sido rechazadas por mi madre, regresaron a casa una y otra vez. Debido a su insistencia, mi madre y mis hermanos se convirtieron en comunicadores de las Buenas

Noticias de la salvación, y miles de personas se acercaron al Señor. Nunca debemos ceder tan rápidamente cuando los inconversos nos rechazan.

UN NACIMIENTO CON PROPÓSITO

El 8 de julio de 1934 abrí mis ojos al mundo por primera vez. Al nacer me encontré en un hogar bajo el señorío de Cristo, respirando de su gracia y rodeado de amor. Mi madre y mis cuatro hermanos estaban asombrados, ya que nunca les había pasado por la cabeza que podía llegar un quinto niño a la casa. Mi familia no imaginó que terminaría enseñando discipulado y difundiendo las Buenas Nuevas de Jesús en más de 65 países en todo el mundo.

Un día, siendo bebé, me enfermé mucho y mi madre le pidió a mi padre que buscara un médico (en esa época, los doctores hacían visitas a domicilio). Mi padre así lo hizo, pero como llevaba algo de dinero encima, se encontró con unos amigos en el camino y no volvió. ¡Regresó cinco años después!

Un día, mientras jugaba al fútbol con unos amigos en una cancha cercana, observamos a un caballero muy bien arreglado que cruzaba por nuestro lugar de juego. Vestía un traje azul claro, una corbata, un sombrero blanco y una cadena de oro con un reloj de bolsillo. Dejamos de jugar para ver a este elegante hombre tan bien vestido. Unos minutos más tarde, mi madre me llamó para que regresara a casa. Al hacerlo, vi a ese hombre sentado en nuestro patio. Me quedé muy impresionado. Mamá dijo: «Juan Carlos, este es tu papá». Aquella fue la primera vez que lo vi. Él abrió su billetera y me dio un billete de cinco dólares. Luego mi mamá me contó que cuando llegó, lo primero que preguntó fue qué le había sucedido al bebé que estaba enfermo.

Como mi padre no vivía con nosotros, cada tanto venía de visita a la casa y, como decía ser cristiano, nos acompañaba a la iglesia. Sin embargo, siempre avergonzaba a nuestra familia porque llegaba borracho. En una oportunidad, se llevaba a cabo una cruzada evangelística en una carpa y él vino con nosotros. El predicador de la noche era un caballero inglés llamado el Sr. Pender, director ejecutivo de una compañía importante. Mientras predicaba, el Sr. Pender dio un ejemplo acerca de la «bola de cristal» que utilizan los clarividentes. Mi papá, que estaba ebrio, en medio de la prédica interrumpió diciendo: «¿Podría por favor explicar de nuevo lo de la bola de cristal?». El predicador respondió que se lo explicaría una vez que terminara el servicio. A lo que mi padre respondió: «Usted no sabe predicar, mi esposa sabe hacerlo mejor que usted». Miró a mi madre y dijo: «Mema, ve al podio y predica. Tú lo haces mucho mejor que él…». Así era papá cuando estaba borracho.

El mismo día de la boda de mi hermana Rosalía recibimos la noticia de que un tío se había muerto. Así que tuvimos un funeral y una boda al mismo tiempo. Los dos eventos se llevaron a cabo muy cerca uno del otro, entonces mi papá, que ya había bebido bastante, iba y venía del funeral a la boda. Cuando estaba en el funeral pedía un aplauso para mi hermana, y cuando estaba en la boda pedía un minuto de silencio para honrar a mi tío muerto.

Esas eran algunas de las cosas que mi padre hacía cuando estaba alcoholizado y que tanto nos avergonzaban. Sin embargo, la familia también recuerda que cuando estaba sobrio era una persona agradable que disfrutaba cocinar para nosotros. Mi madre nos enseñó a respetarlo sin importar lo que él hiciera. Siempre teníamos un cuarto y una cama preparados para cuando él llegara.

DIFERENTE ENTRE MUCHOS

La primera vez que pensé que un día sería predicador fue aproximadamente a los cinco años. Un ministro inglés había venido de visita a nuestra iglesia y después del servicio, mientras yo corría con otros niños, me detuvo, me miró directamente a los ojos y preguntó mi nombre: «Juan Carlos Ortiz», respondí. Y el predicador me dijo: «Cuando crezcas serás predicador». Esas palabras permanecieron siempre en mi mente y me alentaron a serlo. Por ello, siempre tomo tiempo y me detengo a hablar con los niños para decirles algo lindo tal como lo hizo Jesús: «Dejen que los niños vengan a mí, y no se lo impidan, porque el reino de Dios es de quienes son como ellos».

Evidentemente, el Señor tenía un buen plan para mi vida y se ocupó de mí. Un día estaba jugando en el frente de nuestra casa y pasó una caravana de gitanos. Al poco tiempo mi familia advirtió que yo no estaba y en medio de la desesperación comenzaron a correr por todo el vecindario buscándome. Un extraño que pasaba por ahí les avisó que acababa de ver a un grupo de gitanos con un pequeño niño rubio. Mi familia sabía exactamente dónde acampaban, así que corrieron lo más rápido que pudieron a las tiendas. Allí estaba yo, entre ellos.

Cuando comencé el primer grado de la escuela primaria tenía seis años. Antes de dejarme en el patio de la escuela mi madre me dijo: «Recuerda que eres un hijo de Dios. Eres diferente. Por eso, se burlarán de ti y te perseguirán. Hasta el día de hoy te hemos protegido del mundo, todos tus amigos son creyentes, pero ahora vas a ingresar al mundo. Los niños del mundo hacen trampa, dicen malas palabras y pelean. Tú no lo harás, porque perteneces al Reino de Dios. No dirás malas palabras ni harás cosas malas, y a causa de ello te perseguirán. Si no lo hacen es porque eres como ellos». Ingresé a la escuela esperando ser perseguido. De no haberlo sido me hubiera sentido frustrado. Mi madre me dejó muy en claro que los hijos de Dios no pertenecían a este mundo, por ende, no debían hacer esas cosas.

La influencia maravillosa de mi madre fue tal, que me regaló una hermosa Biblia de bolsillo con tapas de cuero negro y filetes dorados que decía: «Quiero que este sea el primer libro que leas cuando aprendas a leer». Me interesó tanto, que lo tenía en el bolsillo de mi guardapolvo y lo leía en los recreos. Los niños de la escuela me pusieron el mote de «Pío XII», que era el nombre del Papa de esa época. Una vez a la semana, un predicador católico nos daba clases de catecismo. Y aunque eran obligatorias, mi madre pidió que me excusaran de esas clases. Si bien lo hicieron, esto provocó cierta persecución, incluso por parte de la maestra. Yo era el único cristiano protestante de toda la escuela. Cada vez que mi tarea no estaba correctamente hecha, mi maestra me decía frente a toda la clase: «En lugar de leer "ese libro", ten más cuidado con tu tarea».

Me quejé a mi madre por esto y su respuesta fue:

—¿Te escupieron en la cara?

—No —respondí.

—¿Te colocaron una corona de espinas en la cabeza?

—No —continué respondiendo.

—¿Te clavaron a la cruz?

—¡No!

—Entonces, ¿cuál es el problema?

Mi madre agregó que el Señor había sufrido en la cruz por mí y que yo nunca debía avergonzarme de él.

Aunque éramos pobres y yo estaba creciendo, mis cuatro hermanos habían comenzado a trabajar, así que me malcriaron regalándome todo tipo de juguetes y la mejor ropa que podían comprar. De toda la familia fui el que menos padecí y presencié el mal comportamiento de nuestro padre. Por lo que también las consecuencias de tener un padre alcohólico fueron menores.

Poco después de la visita de mi padre cuando apenas tenía seis años, volvió a desaparecer. Finalmente regresó muy enfermo de cirrosis cuando yo tenía dieciséis. Todos lo cuidamos dando testimonio de la gracia de Dios. Y en esta oportunidad, a los 55 años de edad y justo antes de fallecer, tuvo una profunda experiencia con Jesucristo.

Cuando ya todos fuimos adultos, mi madre dejó de trabajar y dedicó el resto de su vida a servir al Señor. Cocinaba para las conferencias de pastores, aconsejaba a los jóvenes y ayudaba a los necesitados. Ella se desempeñaba en varias actividades, pues hacía las veces de comadrona hasta incluso lavar pañales; ayudaba a las primerizas en sus hogares cuando nacían sus bebés y visitaba a los enfermos. Cuando nuestro padre murió, recibió un buen plan de pensión y otros beneficios que siempre compartió para ayudar a los menos afortunados. Mi casa volvió a convertirse en un lugar lleno de hospitalidad para alumnos del seminario y jóvenes misioneros.

PARA REFLEXIONAR: Puede que yo haya sido una sorpresa para mi familia, pero no lo fui para Dios. *«Antes de formarte en el vientre, ya te había elegido; antes de que nacieras, ya te había apartado; te había nombrado profeta para las naciones»* (Jeremías 1:5).

CAPÍTULO 2
La iglesia de mis primeros años

Después de la Primera y Segunda Guerra Mundial, gran cantidad de inmigrantes italianos llegaron a la Argentina. Todos eran católicos romanos. En esa época había muy pocas iglesias protestantes y la mayoría de ellas eran muy pequeñas.

El hermano Francescone recibió a Cristo en la ciudad de Chicago, Estados Unidos, y se dirigió a Brasil y a Argentina para visitar a sus parientes a fin de llevarles el *Evangelio Pentecostal de Salvación*. Los primeros convertidos fueron Ángel y Pablo Mingrino, que vivían en Villa Devoto, Buenos Aires, y fueron los pastores de la iglesia que resultó ser la Primera Iglesia Pentecostal de la Argentina en 1914. Luego llegó el hermano Petrelli, quien fue maestro de Biblia en Nueva Jersey, Estados Unidos, y añadió enseñanzas al grupo.

Si bien mi madre recibió a Cristo a través de las misioneras, fue bautizada y asistió a una iglesia de los Hermanos Libres. Cuando estaba buscando un departamento más barato para alquilar, halló uno en un barrio italiano. Resultó ser que el dueño del departamento era el pastor de una pequeña iglesia evangélica italiana que se había separado de una más grande. Mi madre aún no sabía nada sobre denominaciones, así que visitó aquella iglesia, le gustó, y nos convertimos en pentecostales. Sin embargo, nunca cortamos los lazos con la iglesia de los Hermanos Libres, porque mi hermana mayor era muy activa allí y continuaba asistiendo.

La pequeña iglesia del propietario de nuestro departamento, José De Luca, sufrió un desmembramiento y la mayor parte de su congregación, excepto nosotros, se unió a la Primera Iglesia Pentecostal de Villa Devoto. Mi madre decidió unirse a otra iglesia en Villa Lynch con el pastor Leoluca Caparrota. En esa iglesia nos hicimos muy amigos de la familia Rebuffo. Ellos estaban muy comprometidos con Dios y fueron un tremendo ejemplo para nosotros de cómo debía ser una familia cristiana. Más tarde nos enteramos de que todas las iglesias italianas pentecostales tenían la misma ideología.

LOS JÓVENES Y LOS LARGOS CULTOS

Para ese tiempo yo era un preadolescente entre los 11 y los 14 años. A esa edad, la iglesia resultaba muy aburrida. Los servicios eran demasiado largos, y mientras las personas daban sus testimonios, los jóvenes no muy consagrados se iban a la mitad del culto para conversar afuera. Finalmente salía un anciano y los obligaba a entrar. Yo era el más pequeño del grupo. Los muchachos más grandes hablaban de cosas que eran demasiado avanzadas para mí y no eran buenas para los cristianos. En realidad, algunos de ellos terminaron abandonando la iglesia. No obstante, aquí se evidencia la importancia de la familia Rebuffo. Todos los domingos, después del servicio, mi hermana Elsa iba a su hogar. Eran los únicos entre nuestros conocidos que tenían un piano y cantaban canciones del himnario, improvisaban tríos, cuartetos, etc. La madre de Isabel contaba chistes hasta hacernos llorar de la risa. También nos preparaba unos deliciosos emparedados y terminábamos la velada orando.

Para ser sincero, las actividades de la iglesia eran muy poco atractivas a mi edad. La familia Rebuffo fue la que me salvó de no abandonar la iglesia en esa etapa de mi vida. De haber habido más familias como esa en cada iglesia, con deliciosos emparedados y bromas, cantando y orando, invitando a los preadolescentes a participar, no hubiésemos perdido a tantos de ellos.

Algunos otros llegaron a la iglesia, como Cayetano, otro muchacho con habilidades musicales que me enseñó música. Isabel Rebuffo era la pianista. Tito Scataglini estaba enamorado de ella, por lo que siempre estaba a su lado. Y a medida que fui creciendo, entablé una muy linda amistad con ellos. Con el tiempo, Tito y su familia fueron utilizados como ministros de Dios con mucho poder.

A los 14 años de edad, creía que la iglesia no me daba demasiado. Aparte del hogar de los Rebuffo, no había actividades para los jóvenes. De modo que decidí visitar la iglesia italiana de Villa Devoto. Era más grande y estaba mejor organizada. Tenía un coro y un servicio semanal para jóvenes dirigido por Miguel Petrecca. Allí encontré a los amigos de mi niñez. Estaban encantados de volver a verme. Me enamoré de esa congregación e hice del lugar mi iglesia. Más adelante, mi hermana y mi familia me siguieron. Nos recibieron con tanto amor que decidimos que ese sería nuestro hogar espiritual.

Los pastores y los ancianos de todas las iglesias italianas estaban muy comprometidos con el Señor. Sin embargo, era gente muy sencilla y ninguno había asistido a la escuela bíblica. Poco tiempo después me convertí en admirador de Miguel Petrecca, el predicador principal. Entendíamos muy bien lo que predicaba, todo lo que decía tenía sentido para mí, aunque él también era joven.

Algunos de mis amigos, como la familia Grasso, estaban muy comprometidos y me volví un amigo muy cercano de ellos. Nuestra comunión no era solo social, sino también espiritual. Decidimos servir juntos a Dios y evangelizar. Nuestros años de adolescencia fueron dedicados al Señor. Durante ese período, si bien asistía a la escuela secundaria, tuve que trabajar para ayudar a mi madre. Mis hermanos y yo le dábamos el cheque de la paga entero. De este modo, pudimos comprar una casa muy cómoda en El Palomar, provincia de Buenos Aires.

EL LLAMADO AL MINISTERIO

Las iglesias italianas eran muy estrictas con la santidad. Para ellos, esta excluía los deportes, las películas, los bailes, fumar, escuchar la radio. Nada de cabello corto para las mujeres, ni mangas cortas, ni maquillaje, ni fijador de cabello, ni jugar a las barajas y muchas de las otras formas de lo que se consideraba pecaminoso y totalmente prohibido. Sin embargo, el pastor principal, Pablo Mingrino, aunque no asistió a ninguna escuela bíblica, tenía discernimiento y sabiduría espiritual como para guiar a la iglesia. Su trabajo secular estaba en construcción. Él era un hombre espiritual, de oración, una persona fantástica que alentaba a los miembros de la congregación a servir al Señor.

El líder de los jóvenes trabajaba para el ejército y tocaba en la orquesta. Ese mismo instrumento de viento lo ejecutaba en la banda de la iglesia. Yo lo admiraba y lo tomé como ejemplo. Vino muchas veces a la iglesia con su uniforme militar. Era muy sensible respecto al Espíritu Santo. Cuando Dios se movía en el servicio, tenía lágrimas en los ojos. Cuando uno hablaba con él podía detectar que en verdad era una persona genuina.

Bajo su influencia decidí seriamente ingresar también al ministerio. Cuando yo tenía dieciséis años, me pidió que predicara para el grupo de jóvenes. El texto sobre el que prediqué fue Colosenses 3:1-3. En cinco minutos dije todo lo que sabía y no encontraba la forma de terminar, así que él, muy respetuosamente, tomó mi lugar y me agradeció por lo que había dicho. No obstante, esa no fue la última vez que me invitó, aunque se trató de una invitación muy importante para mí y mi futuro. En esta iglesia me uní al grupo correcto de jóvenes y la mayoría de los que formaban parte de él hoy día son ministros reconocidos.

Un día, H.C. Ball, autor del himnario en español que se usaba en nuestra iglesia, vino de Estados Unidos para predicar en nuestra congregación. Esa fue la primera vez que oí un sermón tan organizado, con contenido real, puntos claros y tremendas ilustraciones. Me quedé muy impresionado. Así que al finalizar el servicio me acerqué al Sr. Ball y le dije que algún día me encantaría poder predicar como él. A esto respondió que si tenía un llamado para servir al Señor, había una escuela bíblica pentecostal en Buenos Aires que pertenecía a la denominación de las Asambleas de Dios, donde podía estudiar para ser ministro.

A partir de ese día mi deseo fue asistir a ese seminario. Cuando compartí mi intención con los ancianos, me dijeron que estaba absolutamente prohibido. Luego de un período de pensar y orar sobre ello, y con la bendición de mi madre, decidí asistir de todos modos a la escuela bíblica. Si bien los ancianos de la congregación estaban en contra de mi decisión, el pastor principal, Pablo Mingrino, me alentó al compartir una visión que había tenido. En ella, veía al director de la escuela bíblica, el reverendo Pablo Sorensen, a quien conocía, rodeado por siete rayos de luz con un nombre en cada rayo, y en uno de ellos estaba escrito el mío. Agregó que estaba seguro de que Dios iba a usarme de una manera poderosa. Con este relato sentí que me daba su bendición; aunque no podía darme una carta de recomendación, porque eso contrariaría la decisión de los ancianos. Sin embargo, lo tomé como una aprobación espiritual personal.

MIS QUERIDOS AMIGOS

Esa época de mi vida como adolescente en la iglesia italiana fue muy feliz. Entablé muchas amistades, tanto con varones como con mujeres. Como no tenía padre, mi madre me permitía ser amigo de chicos que sí tenían, para verlos como ejemplos de padres cristianos.

Gaspar Grasso era un anciano de la iglesia. Él y su esposa Ana eran como Cristo. Todos sus hijos eran mis amigos. Daniel era el más cercano, porque teníamos casi la misma edad. Éramos compañeros de oración. Ambos comenzamos nuestra escuela dominical y enseñábamos. Cantábamos en el coro y ayudábamos en el grupo de jóvenes. Hacíamos viajes como misioneros para nuestra iglesia, y yo estaba enamorado de su hermana. Nuestros pastores y el presidente de nuestra denominación nos querían mucho.

También tenía amigos mayores que yo, porque siempre asistía a la iglesia con mi hermana mayor. Después del servicio íbamos a casa de su amiga, y sus amigos se convirtieron en los míos. Estos amigos más grandes también estaban muy comprometidos con el Señor: los Petrecca, la familia Randazzo y otros. Todos muy leales a Dios hasta el día de hoy. Disfruté de esta iglesia maravillosa durante mi adolescencia y mis primeros años de juventud. Fui un joven feliz y muy privilegiado.

Finalicé la escuela secundaria y me preparé para ingresar a la universidad. Mi meta era ser doctor en Ciencias Económicas. En ese momento tenía un muy buen trabajo en la empresa Texaco Oil Co., en Argentina, que me ofrecía un futuro brillante. Le caía muy bien a mi jefe y me respetaba. Me dijo que tenía un gran futuro allí. Cuando renuncié para ir al seminario, me llamó el jefe de recursos humanos. Intentó disuadirme, diciendo: «Tú eres el primero en la lista de ascensos, incluso es posible que en el futuro te envíen a los Estados Unidos. Ganarás mucho dinero. Ser pastor no es un trabajo bien pago». Me gustaba mi trabajo y me apenaba irme, pero el llamado de Dios era más fuerte.

PARA REFLEXIONAR: Oro a Dios que muchas familias Rebuffo se levanten en las iglesias. Familias que se dediquen a invitar a adolescentes después del culto dominical. Que sean divertidas y dadivosas para alimentar a los jóvenes y entretenerlos formando tríos y cuartetos alrededor del piano y finalizar con una intensa oración.

CAPÍTULO 3
El seminario y mi bautismo en el Espíritu

Asistir a la escuela bíblica abrió un nuevo capítulo en mi vida. Yo era muy consagrado a Dios, aunque no comprendía demasiado la teología de nuestra iglesia. Ellos no creían en la importancia de asistir a seminarios bíblicos, porque todo el conocimiento que se adquiría era considerado sabiduría humana. Tampoco se alentaba la lectura de otros libros cristianos fuera de la Biblia, y la prédica debía ser espontánea. Los predicadores no preparaban los sermones con anticipación, ellos creían que uno debía confiar en el Espíritu Santo para obtener inspiración instantánea, que él nos daría palabras mientras abríamos la boca.

La teología que conocía la había aprendido de nuestro himnario con canciones que hablaban acerca de Dios, Jesucristo, su Segunda Venida, la muerte, el cielo, etc. Como constantemente se nos motivaba a leer las Escrituras, conocía bastante bien la Biblia. La había leído completa antes de asistir a la escuela bíblica, y muchas veces algunos otros libros también. Sin embargo, para mí, la Biblia era como un rompecabezas sin armar. En la escuela bíblica aprendí cómo colocar algunas piezas en su lugar. Comencé a comprender el plan de salvación de Dios, el significado de la cruz, la resurrección y la teología sistemática. Empecé a crecer intelectual y espiritualmente. Estaba muy entusiasmado, pero al poco tiempo entraría también en la escuela de Dios para formar mi carácter cristiano. Todavía no conocía dicha escuela, hasta ahora toda mi experiencia en la iglesia había sido placentera y divertida.

EL SEMINARIO Y YO

Lo primero que el director del seminario bíblico, Pablo Sorensen, me preguntó cuando me vio fue: «¿Has recibido el bautismo en el Espíritu Santo para hablar en lenguas?». Mi respuesta fue negativa. Si bien nuestra iglesia era pentecostal, la mayoría de nosotros no había recibido la experiencia de hablar en nuevas lenguas. Solo oíamos a la gente mayor hablar sobre ello. El director de la escuela me dijo que no podía ser un predicador exitoso si el Espíritu Santo no me bautizaba. Así que comencé a orar, ayunar, asistir a vigilias, confesar todos mis pecados y pedirles a todos que me impusieran las manos para recibirlo.

Un día fui a una reunión de oración en una pequeña iglesia pentecostal en la que Erling Andresen, un misionero noruego, era el pastor. Decidí que no me iría hasta que recibiera esa bendición. En esos días siempre estaba bien vestido con un traje oscuro, una camisa almidonada con gemelos, corbata y zapatos brillantes. Alrededor de la medianoche caí al piso, rodando y limpiando el suelo con mi traje. Toda la familia Andresen estaba orando por mí. Me emborraché del Espíritu y un amigo, con ayuda de mi hermana Elsa, debió llevarme a casa. Yo alababa, cantaba y hablaba en lenguas en el tren, avergonzando a quienes me estaban ayudando, ya que la gente que me rodeaba pensaba que estaba ebrio.

No creo que esa sea la única forma en que uno pueda rebosar con el Espíritu Santo. Sin embargo, nunca lamenté la experiencia que tuve aquella noche. Después de todo, ¿no es eso lo que sucedió en el aposento alto el día de Pentecostés y en la casa de Cornelio? Más adelante vi cosas similares que ocurrían en algunas de mis reuniones. Admito que recibí una energía que nunca antes había experimentado, un impulso por dar testimonio y un deseo de expandir el Reino de Dios con pasión.

El énfasis de las enseñanzas del seminario bíblico estaba puesto en conocer bien la Biblia, la teología de las Asambleas de Dios, una vida de oración, devoción y amor, así como una pasión por el Señor y los perdidos. Cada fin de semana se le asignaba a cada alumno participar de reuniones al aire libre que incluían cantar con guitarras y acordeones, un testimonio y un mensaje de salvación, incluyendo una invitación para recibir a Cristo. En cada tiempo de receso en los estudios debíamos comprometernos a ayudar en una iglesia local a fin de practicar lo que estábamos aprendiendo. Así que, durante mis días en el seminario, cada fin de semana pude asistir a nuestra iglesia, ir los sábados al ensayo del coro y enseñar en la escuela dominical, que eran mis actividades normales, y al mismo tiempo satisfacer los requisitos de la escuela.

Mientras estudiaba en el seminario, muchos de mis amigos de la iglesia comenzaron a advertir mi cambio de pensamiento. Tenía más conocimiento de las Escrituras, más consagración, más vida de oración, había sido bautizado en el Espíritu Santo y tenía una mentalidad más amplia. Algunos comenzaron a preguntarse si también debían ir al seminario bíblico, que en ese momento era el equivalente a la Licenciatura en Teología actual. Los ancianos no aprobaban esta influencia, aunque fueron verdaderamente amables conmigo hasta que me gradué. Sé que no existía una desaprobación unánime en mi contra por estudiar las Escrituras. Reconozco que había un anciano en especial que se oponía, pero los otros estaban a mi favor. Mi familia y yo éramos muy conocidos, amados y populares. Nunca estuve en una junta de ancianos. ¡Me pregunto cómo hubiera sido!

El director del seminario bíblico, Pablo Sorensen, un misionero danés-canadiense de la Asamblea Pentecostal de Canadá, era el profesor del libro de Romanos, uno de mis favoritos en esa época. Éramos un grupo de ocho a diez alumnos en la clase, pero él actuaba como si estuviera enseñando en un aula de la Universidad de Yale. Él fue quien me hizo vivir el libro de Romanos hasta el punto en que tuve una experiencia espiritual de santidad cuando finalicé el octavo capítulo. Recibí una mayor comprensión de la gracia, la seguridad de mi salvación y la soberanía de Dios. Sin embargo, más tarde en mi vida, me halló muy cómodo en un entorno reformado. Lo admiraba tanto que la mayoría de la gente decía que mientras ministraba en el púlpito, lo imitaba. Por supuesto que era una actitud inconsciente. Imagino que surgiría como resultado de mi admiración por él.

Pablo era también el director de las Asambleas de Dios en Argentina, además fue un excelente traductor para Tommy Hicks durante su gran cruzada en Buenos Aires. Su esposa, Dorothy Sorensen, era profesora de la clase *Vida de Cristo*. Su enseñanza era tan práctica y devocional que nuestro amor por Jesús se incrementó. Ella no realizaba una interpretación profunda de los hechos de Cristo, pero nos enseñó a contemplarlo a él, sus palabras y sus hechos. Era como si nos llevara de la mano, nos colocara al lado de Jesús, y juntos camináramos con él, viéndolo, oyéndolo, comprendiéndolo, abrazándolo y rompiendo emocionalmente en oración. Muchas veces explicaba con lágrimas en los ojos su amoroso corazón hacia su Maestro y Señor. Vivimos la presencia de Jesús de Nazaret en sus clases.

¿Qué sucedió con mi vida social durante el seminario? Dios me preparó para lo que iba a suceder inmediatamente después de la graduación. Durante estos dos años, los Andresen, pastores de la iglesia en la que fui bautizado en el Espíritu Santo, se acercaron más al seminario como maestros. Tenían hijos cercanos a mi edad, y como todos eran músicos, formamos un trío. Muchas veces cantamos con toda la familia en grupos de seis o más.

LOS ANDRESEN

Los Andresen eran un tipo diferente de misioneros, pues les abrían la puerta de su hogar a los alumnos. Yo era el más beneficiado, porque disfrutaba de tocar música y cantar como tenor. Rolf tenía registro de soprano, muy agudo; y David, una segunda voz muy profunda. Cada vez que nos reuníamos era un banquete musical. Además de ello, eran muy generosos y siempre había dos o tres alumnos a su mesa. La comida de la escuela no era de lo mejor, así que comer en su casa era genial para nosotros. A medida que transcurrió el tiempo nos volvimos muy cercanos. Nos divertíamos, hacíamos música, teníamos unión espiritual, orábamos juntos y percibía que me trataban como uno más de la familia. La escuela me permitía a veces dormir en su casa, la cual se convirtió en mi segundo hogar. Nuevamente, como no tenía padre, mi madre estaba feliz de que mis amigos fueran una familia normal.

La señora Alvina Andresen, la madre, era una gran amiga. Todos amamos su espiritualidad y su conexión continua con Dios. Era la santa de los estudiantes, pues verdaderamente era el ejemplo de vivir en el Espíritu. Tenía una voz hermosa. Mientras cantaba su rostro se iluminaba con un brillo especial y siempre terminábamos adorando a Dios cuando terminaba.

Rolf, David y yo hicimos un viaje de 600 kilómetros en bicicleta, cantando todo el camino. Cuando viajamos en tren, Rolf, que también era uno de los mejores pianistas, abrió su acordeón y David tomó su violín, y cantamos y predicamos. Muchas iglesias nos invitaron a cantar, ¡e incluso grabamos un disco! Seguimos siendo amigos, aunque estamos separados por la distancia.

Por supuesto, luego de mi madre tengo tanta gente a quien agradecerle por la formación de mi vida espiritual y social, que con este libro no bastaría para hablar de cada uno de ellos.

PARA REFLEXIONAR: Es admirable la influencia que las personas con las cuales nos rodeamos tienen sobre nuestra vida, especialmente durante la juventud. Podría hacer una lista larga de lo que recibí de cada uno, pero este libro no alcanzaría para contarlo todo. ¡Qué afortunado fui!

CAPÍTULO 4
Mi primera visión

Disfruté de muchas experiencias espirituales, pero la primera vez que tuve una visión estaba totalmente despierto. Me pareció más sobrenatural que ocurriera así. Ahora puedo ver los milagros de Dios a mi alrededor: en la formación de un niño en el vientre de su madre, en la semilla cuando se coloca en la tierra y se riega, etc. No obstante, mi primera visión fue cuando tenía dieciocho años de edad, antes de asistir al seminario bíblico, mientras estaba realizando un tablero de felpa para la lección de la escuela dominical en mi casa. Sentí el impulso de orar, me arrodillé, coloqué el martillo y los clavos en el piso, cerré los ojos y en medio de la pantalla negra vi con los ojos cerrados un punto blanco que comenzó a crecer, primero como una pelota de golf, instantes después como una pelota de fútbol. La luz siguió creciendo hasta que toda la pantalla se volvió de una luz más brillante que el sol del mediodía. Era como ingresar en otra dimensión. Luego vi un cañón, un valle donde los ancianos de mi iglesia estaban de pie discutiendo acaloradamente. No oí acerca de qué discutían, pero comprendí que el debate era fuerte por los movimientos de sus brazos. En la cima de una montaña lateral vi a Jesús vestido con una túnica celeste, mirándolos desde arriba y diciendo: «Pensar que esa es mi iglesia y ellos ni me miran. Pensar que soy la Cabeza de la iglesia y no consultan conmigo, actúan como si ni siquiera existiera». Luego la luz se fue apagando hasta que se convirtió en un punto blanco y desapareció.

Esto no fue un sueño, se trató de una visión. Nunca la olvidé. El mismo día fui a ver al pastor Mingrino y le conté lo que había visto. Entonces me comentó que en verdad había problemas en la junta de directores, pero que no hablara con otros sobre mi visión. Debía quedar entre él y yo. La lección que aprendí a través de esa visión es que siempre debo consultar con el Señor sobre los asuntos de la vida y sobre toda decisión de la iglesia para que se haga lo que él desea y no solo pedirle que bendiga nuestros planes.

DURAMENTE DISCIPLINADO

Una vez que me gradué del Instituto Bíblico Río de la Plata y llegué a ser muy activo en mi iglesia, estaba seguro de que sería designado para el ministerio. Cuando expresé que estaba a su servicio para cualquier cosa que les pareciera, fue como si hubiera explotado una bomba. Obtuve lo opuesto de su bendición. Me dijeron que yo había sido una influencia negativa en los otros jóvenes, algunos de los cuales también estaban interesados en ingresar al seminario bíblico. A causa de ello fui disciplinado y se anunció desde el púlpito que se me negaba el saludo de «la paz del Señor». (Así nos saludábamos entre los creyentes). Esto significaba que a mí me saludarían con un «buenos días» o «buenas noches», como lo hacíamos con los no creyentes. Me eliminaron de la comunión. Nadie hablaba conmigo.

El domingo lo anunciaron desde el púlpito. Una vez terminado el servicio todos pasaron delante de mí, incluso mis amigos más entrañables. Ninguno me habló, ni siquiera mi mejor amigo. Por supuesto que había dolor en sus corazones, pero la obediencia a los líderes era sagrada. Mi novia no me volvió a dirigir la palabra.

A pesar de esta humillación, continué asistiendo a los servicios. Sin embargo, con el tiempo se me pidió que dejara de ir, porque contaminaba a los demás con una doctrina diferente. En realidad eso era cierto, pues inspiraba a mis amigos a fin de que se prepararan en el trabajo para el Señor. La mayoría lo hacían en forma local como yo antes de ir al seminario bíblico, pero ellos estaban dispuestos a prepararse mejor.

Vi toda mi vida derrumbarse. La opinión de mi madre era que debía continuar yendo a los servicios, aunque tuviera que escucharlos a través de una ventana. Me dijo que era una prueba de Dios al inicio de mi ministerio. Si no pasaba exitosamente esa prueba, no estaría listo. Literalmente pronunció: «Si cedes en la primera prueba, entonces no estás preparado para el ministerio». Ella dijo que debía perdonar y amar a los que no les gustaba, de lo contrario no podría enseñar a perdonar y amar a los demás. Lo que me sucedía era también parte de la capacitación. Estas pruebas eran de la escuela de teología de Dios. ¡Así era mi madre!

Fue una experiencia muy dolorosa. No obstante, aprendí a perdonar en oración, pero no pude deshacer lo que había aprendido. Me deprimí mucho. Amaba a mis amigos y tenía una amistad hermosa con ellos. Sin embargo, ahora ni siquiera mi compañero de oración me hablaba en obediencia a nuestros pastores. Tenía el corazón destrozado. Solo Pablo Mingrino, mi pastor, me hablaba con amor. Su actitud era algo como: «Juan Carlos, creo que esto es injusto, sé que amas al Señor, pero esta es la realidad, creemos de manera diferente que las Asambleas de Dios. ¿Por qué no te vas y te unes a ellos ahora que tienes su teología?». Me sentí muy frustrado. Esta era mi primera prueba y no comprendía que debía abandonar muchas cosas para seguir el llamado de Dios. Esta experiencia me enseñó que aun cuando sea difícil perdonar, es posible hacerlo. Luego, en el momento oportuno, se restaurarían las amistades.

LA LECCIÓN APRENDIDA

A través de los malentendidos de mi iglesia y la sabiduría espiritual de las enseñanzas de mi madre sobre el perdón, aprendí a tener paciencia, fe, humildad, autocontrol y amor por mis enemigos, es decir, el fruto del Espíritu. La virtud más necesaria si uno quiere ser pastor. Las pruebas que atravesamos en la vida nos ayudan a crecer más rápidamente y a parecernos más a Jesús.

Más tarde me di cuenta de que los ancianos de mi iglesia, la Asamblea Cristiana, y mi pastor eran hombres de Dios. Las cosas que no eran importantes para otras personas sí lo eran para ellos, como la posición para orar, la forma en que se llevaba a cabo el bautismo y la comunión, y otras tradiciones. Para ellos, cualquier cosa que se hiciera de manera diferente era una mala doctrina. Así que luego comprendí que tenían derecho a oponerse a que asistiera al seminario de las Asambleas de Dios, porque aunque este seminario era pentecostal, las tradiciones eran muy diferentes. Por ejemplo, a los italianos les encantaba acompañar su comida con un vaso de vino. Sin embargo, la Asamblea de Dios me enseñó que beber vino era pecado. Tampoco creían en el diezmo. Mientras usábamos vino oporto puro para la comunión, las Asambleas de Dios utilizaban jugo de uvas. Esto era inaceptable. Considerábamos que era un pecado que la mujer se cortara o rizara el cabello. Debían usar un velo para orar. También prohibíamos el maquillaje, las joyas y los pantalones, el salario para los pastores, orar de pie e ir a un seminario. Nosotros no creíamos en las mujeres pastoras, pero las Asambleas sí.

Nuestra iglesia italiana era muy diferente a las iglesias de las Asambleas. Ellos tenían versículos de las Escrituras muy firmes para respaldar algunas de estas enseñanzas que yo en ese momento aprobaba. En esa época, las Asambleas Cristianas italianas consideraban que las Asambleas de Dios eran modernistas y mundanas. Como yo estudiaba en la escuela de las Asambleas de Dios, regresé con todas estas novedades para compartirlas con mis amigos de la iglesia. ¡Con razón terminé disciplinado!

De todos modos, aunque más tarde comprendí lo que estaba sucediendo, en el momento me sentí muy molesto, no solo con ellos sino también con Dios. Mi madre me convenció al decirme que estar tan molesto y enojado solo me haría sentir más lastimado a mí, no a la iglesia. La iglesia italiana seguiría siendo la iglesia italiana y Dios seguiría siendo Dios, pero yo sería una persona resentida por el resto de mis días. Si aceptaba esto como una lección para corregir mi actitud y comprobar en mi vida el fruto del Espíritu que es «amor, gozo, paz, paciencia, gentileza, bondad, fe, mansedumbre y autocontrol», y amaba a los que me ofendieron, sería una prueba exitosa para mi carácter, terminaría siendo bendecido y maduraría con mayor rapidez.

Con el tiempo comprendí que yo era un ser problemático para ellos. Entendí cuán difícil era ser pastor, especialmente cuando se tiene un ser problemático en la feligresía. Ser líder de una iglesia no es cosa sencilla. Necesitaban disciplinarme para apaciguar a los otros miembros, especialmente a los ancianos. Yo era un mal fermento en la iglesia. Al oírme predicar y enseñar, otros jóvenes se interesaron en asistir al mismo seminario bíblico.

En realidad, la disciplina se dio lentamente. No lo hicieron en forma precipitada. Pude haber sido expulsado antes, pero los ancianos esperaron hasta que pasara mi graduación. Cuando lo hicieron, me sentí destruido y humillado.

Mi madre me recordó entonces cómo sufrió Moisés en el desierto. Insistió en que debía ordenarme como pastor en mi iglesia para permanecer allí hasta que me acostumbrara a entrar y salir sin que nadie, salvo mi madre, me saludara con «la paz del Señor».

PARA REFLEXIONAR: Mi frustración fue una buena lección sobre el perdón y dónde está Dios cuando una persona joven sufre estas cosas.

«Ahora bien, sabemos que Dios dispone todas las cosas para el bien de quienes lo aman, los que han sido llamados de acuerdo con su propósito» (Romanos 8:28).

CAPÍTULO 5
Mi experiencia con Tommy Hicks

En 1954, después de graduarme del seminario bíblico, un evangelista estadounidense llamado Tommy Hicks llegó a Buenos Aires para realizar una cruzada en un estadio. Las Asambleas de Dios y otras iglesias auspiciaron el gran evento. Su mensaje era de salvación, sanidad y liberación. Las reuniones se llevarían a cabo en el estadio de Vélez Sarsfield con poca gente. Sin embargo, en la segunda noche de la cruzada la cantidad de personas comenzó a crecer. Los titulares de los periódicos y revistas de Buenos Aires hablaban de Tommy Hicks y los milagros.

Todas las mañanas, camiones provistos por la municipalidad limpiaban los alrededores de muletas y sillas de ruedas abandonadas por las personas que habían recibido sanidad. Ciegos, sordos y paralíticos contaban sus historias a otras personas mientras viajaban en el tren de regreso a sus casas. Los miembros de nuestra iglesia no se sentían alentados a asistir, porque Tommy Hicks no pertenecía a nuestra denominación.

Cuando se llevó a cabo la cruzada, yo asistía a mi iglesia y oía el servicio desde una ventana del fondo. Sin embargo, me marchaba antes para que no me vieran. No obstante, dos ancianos se acercaron y me dijeron que no querían que concurriera al servicio, ni siquiera escuchándolo desde la ventana. De una forma amable dijeron: «No comprendes Juan Carlos que no te queremos en nuestra iglesia, ¿por qué no vas a otra?». Me sentí muy triste. Esa noche fui al estadio en el que Tommy Hicks tuvo su avivamiento. Llegué temprano. Estaba muy deprimido, así que me senté solo en una de las gradas más altas. Mi iglesia no solo se oponía al seminario bíblico, sino también a la cruzada de Tommy Hicks.

Yo me encontraba solo y llorando. Todavía era temprano para la reunión. Las personas iban llegando poco a poco. Pasé de la depresión al enojo, y luego comencé a quejarme con Dios. ¿Qué haría ahora? Creía que Dios me había fallado. Había perdido a mi amada iglesia, a mi amigo íntimo, a mi novia, y me había quedado solo. ¿A dónde iba a ir? Estaba más enojado con Dios que con mi iglesia. Mientras la multitud llenaba el estadio, de repente y en mi desesperación decidí irme y caminar por las calles toda la noche sin rumbo fijo. Quería dejarlo todo, volver a trabajar y olvidarme del ministerio. Así que bajé de las gradas contra una marea de gente que ingresaba. Cuando con gran esfuerzo y dolor emocional llegué a la puerta para salir con la intención de abandonarlo todo, oí mi nombre por el sistema de audio: «Si Juan Carlos Ortiz está en el público, por favor que se acerque a la plataforma». No podía creer lo que escuchaba. ¡Y lo repitieron!

El reverendo Lowie Stokes, también profesor del seminario bíblico y ahora presidente de la cruzada, sabía que yo podía hablar algo de inglés y me pidió si podía ayudar como secretario privado de Tommy Hicks durante el día en su hotel y ser su intérprete para sus visitantes. ¡Quedé pasmado! Este era Dios rescatándome en el último minuto. ¡No podía creer lo que oía! Solo pensar que iba a estar todo el día cerca de este hombre de Dios tan poderosamente usado por el Señor resultaba maravilloso. Era un nuevo comienzo para mi destrozada vida. Yo estaba enojado con Dios y mira lo que él hacía por mí. Dios me estaba gritando: «No te he abandonado».

Esto cambió el curso de mi vida y me ayudó a sanar mi resentimiento perdonando, amando, bendiciendo y dándole gracias a Dios por los que me empujaron a esta experiencia. Grité: «Bendita sea mi maravillosa iglesia italiana, muchas gracias por todas las lecciones que aprendí de esta extraordinaria experiencia». La influencia que estaba por recibir de este hombre de Dios me daría el mayor salto en mi vida espiritual y ministerial. La experiencia de presenciar milagros es inolvidable, pero lo que marcó mi vida para siempre fueron las experiencias formadoras de carácter en mi relación con él y las oportunidades de ministerio que tuve luego de que se marchara. Mi angustia y depresión desaparecieron instantáneamente. Solo compartiré dos o tres de las cientos de experiencias con Tommy Hicks que marcaron mi vida para siempre.

EXPERIENCIAS INOLVIDABLES

Tommy Hicks recibía a sus visitas en la habitación ubicada en el segundo piso del Hotel Continental en el centro de Buenos Aires. Era un hotel de cuatro estrellas. Mi tarea consistía en traducir lo que decía tanto él como las visitas. Un día, unas mujeres de la alta sociedad fueron a ver al doctor Hicks, entre ellas la señora Tesaire, esposa del vicepresidente de la nación; la señora Tow, dueña de la Casa Tow, una tienda departamental; la esposa de un senador y otra dama. El gerente del hotel las guió al salón VIP y me llamó para que le dijera a Tommy Hicks que habían llegado sus visitas. Se lo dije.

—Las visitas especiales están aquí.

—¿Dónde están? —preguntó Hicks.

—En el salón VIP.

—Oh no —dijo—. Si quieren verme tendrán que subir a mi habitación como todos los demás.

Cuando se lo dije al gerente del hotel, su respuesta fue que nunca lo permitirían. Regresé y le informé al doctor Hicks, pero él insistió.

—Dios no quiere que hagamos diferencias entre las personas

importantes y las no importantes. Si no vienen a mi habitación, no las recibiré.

Cuando fui a informarle al gerente, las damas notaron que había un problema, así que les expliqué que el señor Hicks no bajaría al salón VIP, porque no hacía diferencias con la gente. Él las recibiría en su cuarto como lo hacía con otras personas.

La señora Tesaire dijo: «Esta debe ser una persona excepcional, subamos a su habitación», y eso hicieron. En el cuarto solo había una cama y un pequeño escritorio con una silla, ningún sofá para las visitas, por lo que debíamos permanecer de pie o sentados en la cama.

Luego de recibir un abrazo del doctor Hicks, que vestía una playera, una de las señoras trajo una prenda que pertenecía a su padre para orar por él. Le dijo que su padre los había abandonado hacía diez años atrás, que habían hecho todo lo posible para encontrarlo y no tuvieron éxito.

El doctor Hicks tomó la ropa en sus manos, oró y le dijo: «Esta noche, antes de que se vaya a la cama, recibirá noticias de su padre». Esa noche sonó el teléfono. Yo tomé la llamada y aquella mujer llorando me contó que su padre acababa de comunicarse diciendo que al día siguiente quería desayunar con ella. Estas mujeres quedaron tan impresionadas con el ministerio del doctor Hicks que venían a verlo casi todos los días y traían un montón de gente de la alta sociedad para orar. Y yo era el intérprete. Durante esa experiencia aprendí a tratar a los pobres y a los ricos del mismo modo.

Se producía milagro tras milagro y yo era testigo del poder de Dios manifestado. Era tal la cantidad de personas que concurrían, que tuvimos que cambiar de estadio e irnos a uno más grande: Huracán. En las últimas noches tuvimos 400.000 personas dentro y fuera del estadio, a lo largo de muchas cuadras alrededor del lugar. A causa de ello se consideró peligroso continuar.

Cuando se terminó la cruzada, muchas de las personas influyentes que vinieron al hotel se habían vuelto amigas. El último día muchos vinieron para despedirse de ambos, del doctor Hicks y de mí. Varios de ellos me dieron tarjetas ofreciéndome empleos interesantes. Entre las ofertas, las dos que me parecieron más atractivas fueron la de la señora Tesaire, esposa del vicepresidente, que me ofreció un trabajo en cualquier embajada argentina del mundo como agregado cultural. La señora Tow, dueña de la Casa Tow, tenía dos hijos adolescentes que estaban por viajar alrededor del mundo para estudiar geografía e historia en los lugares en los que sucedieron los eventos, con profesores privados, y me ofreció unirme al equipo como consejero espiritual y preceptor de sus hijos con un muy buen salario. Yo solo tenía 20 años, me acababa de graduar del seminario bíblico y estaba encantado con la idea de esas emocionantes aventuras.

Corrí para compartir con Tommy Hicks estas oportunidades. Le mostré la pila de tarjetas y le mencioné algunas de las ofertas solicitando su ayuda para decidir. El doctor Hicks me miró a los ojos y dijo: «Dame esas tarjetas. ¿Por qué obtuviste esas tarjetas? ¿Porque provienes de una familia distinguida o eres rico?». Respondí: «No, porque era su secretario». Él respondió: «Nunca debes usar la popularidad ganada por el ministerio para tu propio beneficio, fuiste llamado a ser pastor y eso es lo que serás». Rompió las tarjetas una a una y las arrojó a la basura. ¡Vaya lección! Aprendí una enseñanza que nunca olvidaría en toda mi vida.

A estas alturas olvidé todo malentendido con mi iglesia. Esta fue una de las experiencias más grandes de mi vida. Debido a mi exposición con Tommy Hicks, fui invitado a todas partes del país para hacer cruzadas como él. También favoreció a mi amada iglesia italiana, porque me encontraba tan ocupado que no tenía tiempo de apostarme en la ventana los domingos. Cada crisis nos endereza y nos eleva hasta parecernos a Jesús a través del desarrollo del fruto del Espíritu y su carácter.

Las tremendas lecciones de no discriminar ni usar la popularidad recibida a través del ministerio para beneficio personal me impresionaron tanto que continuamente las tengo presente hasta el día de hoy.

PARA REFLEXIONAR: Los ministros y los cristianos nunca deben trazar una diferencia entre ricos y pobres.

«Hermanos míos, la fe que tienen en nuestro glorioso Señor Jesucristo no debe dar lugar a favoritismos. Supongamos que en el lugar donde se reúnen entra un hombre con anillo de oro y ropa elegante, y entra también un pobre desharrapado. Si atienden bien al que lleva ropa elegante y le dicen: "Siéntese usted aquí, en este lugar cómodo", pero al pobre le dicen: "Quédate ahí de pie" o "Siéntate en el suelo, a mis pies, ¿acaso no hacen discriminación entre ustedes, juszgando con malas intenciones?» (Santiago 2:1-4).

CAPÍTULO 6
Nada volvió a ser igual

Cuando la cruzada de Tommy Hicks finalizó, su manto cayó sobre mí y sobre muchos otros pastores que cooperaron en la misma. Podría decirse que las iglesias de las Asambleas de Dios nunca volvieron a ser igual. Todas se encendieron y muchas iglesias nuevas nacieron. Muchos nuevos alumnos se inscribieron en el seminario bíblico, y las iglesias comenzaron a crecer tanto espiritual como numéricamente. Recibí muchas invitaciones de todo el país para llevar a cabo cruzadas. A pesar de que solo contaba con veinte años, tenía pasión y no quería perder ni un minuto.

La primera iglesia que creamos, mi hermano Rubén, mi cuñado Carlos Naranjo y yo, estaba ubicada en la zona de San Martín, provincia de Buenos Aires. Años después, en esa primera congregación, se convirtieron los padres de Liliana Gebel, la esposa del pastor Dante Gebel.

Mi hermana Elsa, mi hermano Rubén y su esposa Aída decidieron asistir al mismo seminario. Sara Anderson, hija de Sture

Anderson, un misionero sueco emplazado en Corrientes, una provincia ubicada a 1000 kilómetros al norte de Buenos Aires, vino a visitar nuestra flamante iglesia en San Martín. Teníamos el mismo fuego que Tommy Hicks y yo predicaba un poco como lo hacía él. La iglesia crecía y muchos fueron salvos. Sara estaba impresionada y me invitó a llevar adelante una cruzada en Corrientes, donde su padre había sido un leal misionero durante muchos años. Montaron una gran carpa y desde el primer día Dios realizó milagros.

La primera noche, la señora Collantes, una dama muy conocida y dueña de un negocio frente a nuestra carpa que sufría de cáncer, fue sana. Más tarde, la señora Paredes, paralítica por completo, se levantó de su silla de ruedas frente al público. Sus testimonios acercaron a muchas personas a Jesús. La cosecha de aquella cruzada fue de alrededor de mil convertidos y bautizados en el río Paraná. Esa iglesia aún existe en la ciudad de Corrientes. Antes de la cruzada, solían llevar a cabo los servicios en un pequeño cuarto de la casa del misionero. Después del avivamiento compraron un lote y construyeron un gran edificio. Esto sucedió en los años 1954 y 1955.

A estas alturas es justo mencionar que todos mis hermanos se convirtieron en ministros de Dios con diferentes dones.

Carlos Naranjo y Rosalía, mi hermana mayor, quien recibió una maravillosa sanidad, crearon una iglesia en San Nicolás, provincia de Buenos Aires, que resultó ser una gran iglesia a la que después de convertirse asistían reconocidos ministros del evangelio que fundaban muchas iglesias en ciudades y pueblos en los alrededores de San Nicolás. Uno de ellos es Edgardo Silvoso, quien se casó con Ruth Noemí Palau. Él es mi cuñado, fundador y presidente de *Evangelismo de Cosecha*. Con sede en San José, California, es un ministerio mundial cuyo énfasis está colocado en el evangelismo en el mercado de los negocios. Edgardo es hijo espiritual de mi cuñado Carlos y mi hermana Rosalía. Muchas veces fui a su iglesia de San Nicolás a disertar e impartir cursos sobre la Biblia.

Mi hermano Rubén y su esposa Aída se convirtieron en

evangelistas que predicaban la salvación, la sanidad física y la prosperidad por todo el país, de norte a sur. Su ministerio también recibió una gran influencia de Tommy Hicks y de T.L. Osborn. Rubén y su esposa Aída fundaron ocho iglesias y llevaron a cabo grandes cruzadas en Argentina, Uruguay y Paraguay.

Mi hermana Elsa, que de pequeña tuvo poliomielitis, fue soltera hasta los cuarenta años y viajó por todo el país de norte a sur junto a un grupo fantástico de mujeres de Dios, bajo el liderazgo de Sara Anderson, hija del misionero sueco de Corrientes. Viajaron a dedo y de todas las formas posibles para difundir las buenas nuevas de Jesús. Este grupo de damas logró muchas cosas maravillosas, milagros, y la creación de iglesias en el sur de nuestro país, difundiendo el evangelio y formando líderes. El viaje de todas estas jóvenes misioneras está plasmado en el fantástico libro de Sara titulado *Mil locuras por un amor*.

Luego de que nuestra hermana Rosalía partió para estar con el Señor, Elsa se casó con Carlos Naranjo, nuestro cuñado, y continuaron juntos siendo ministros principales en la iglesia de San Nicolás. Abrieron muchas iglesias satélites en los pueblos y ciudades de las cercanías. Al igual que el orfanato *Hogar el Amanecer*, donde albergaban a más de cien niños. Ambas cosas siguen existiendo en la actualidad.

Mi hermano Horacio y su esposa Teresa donaron una parcela de tierra que poseían y fundaron una iglesia como predicadores laicos en Pilar, Buenos Aires.

Mi madre estaba encantada de ver a todos sus hijos sirviendo al Señor. Ella siempre cooperaba como podía con todos nosotros, viajaba para visitarnos donde quiera que estuviéramos y nos cocinaba una rica comida. También era una mujer de oración.

Muchos movimientos evangélicos difundieron el avivamiento en todo el territorio argentino. Las denominaciones que más crecieron luego de la visita de Tommy Hicks fueron las Asambleas de Dios, el Movimiento Cristiano y Misionero, un apéndice de las Asambleas de Dios fundado por Samuel Sorensen, Celsio, Hugo Contreras y otros, en su mayoría pentecostales, más la Alianza Evangélica Misionera. En medio de los avivamientos yo ya era muy conocido en el país gracias a Tommy Hicks, pero en mi congregación italiana no era nadie. Nunca corté los lazos con mi iglesia. Mi madre siempre me dijo: «Hijo, serás ordenado para el ministerio en nuestra iglesia», pero yo nunca le creí.

Antes de la década de 1960, las iglesias pentecostales en Argentina no tenían el conocimiento de mayordomía tal como lo tenemos hoy. Entonces, los ministros eran muy pobres, los pastores debían trabajar en un empleo secular para poder mantenerse ellos mismos y sostener a sus familias, o confiar en el Señor y vivir de manera muy austera. Algunos recibían ayuda económica desde los Estados Unidos. Para ese entonces, no se conocía la posibilidad de recaudar fondos, así que viajar no era como lo es hoy. Uno era alojado en un hogar, compartiendo muchas veces un cuarto con un miembro de la familia. Comía lo que cenaba la familia y por supuesto, todo *ad honorem*. El pago era el gozo del Señor y con eso nos bastaba, ni siquiera pensábamos en que éramos pobres. Nuestro gozo era ver a la gente recibiendo salvación día tras día. Sin embargo, más tarde tuve el privilegio de aprender y enseñar en muchas iglesias de las Asambleas de Dios sobre la administración del tiempo, las finanzas y los talentos. El aprendizaje y la práctica de los principios trajeron consigo un cambio drástico en muchas congregaciones y en la vida de los pastores y sus familias hasta el día de hoy.

La casa de mi madre era hospitalaria, como una estación misionera. Siempre había una o varias personas quedándose con nosotros, en su mayoría misioneros jóvenes que vivían por fe. Mi hogar era como un remanso, un descanso para todos ellos. Habíamos visto la forma en que Dios siempre proveía milagrosamente comida para los huéspedes continuos. Nuestra casa era pequeña, pero todos teníamos un corazón grande. Mi hermano Rubén, mi hermana Elsa y yo éramos ministros itinerantes. Por ende, cada tanto regresábamos a nuestro hogar en El Palomar, Buenos Aires, para descansar un poco.

Una noche tuvimos trece invitados. Elsa, que estaba regresando de un viaje misionero a Río Gallegos, una ciudad al sur de la Argentina, estaba agotada luego de haber hecho parte del viaje a dedo y trasladándose en camiones de carga y en todo lo posible. Tocó el timbre de casa a las tres de la madrugada y una joven invitada que no la conocía le abrió la puerta y le dijo: «Lo lamento, querida hermana, esta casa está repleta, no hay lugar para nadie más». Mi hermana Elsa, cansada, hambrienta, sedienta y sucia se enfureció y respondió: «Puede que no haya lugar para ti, pero yo soy dueña de la casa». Por supuesto que mi hermana Elsa no siempre estaba de mal humor, ¡pero esa noche estaba muy cansada! Todos aprendimos de mi madre a abrir las puertas de nuestra casa con hospitalidad. Los vecinos continuamente nos oían cantando en dúos, tríos y cuartetos con nuestras guitarras.

PARA REFLEXIONAR: Es algo maravilloso vivir por fe en Dios. Todos debemos vivir confiando en él para tener salud, poder trabajar o conseguir un empleo. También es una bendición y es bíblico ser hospitalario.

«No se olviden de practicar la hospitalidad, pues gracias a ella algunos, sin saberlo, hospedaron ángeles» (Hebreos 13:2).

Mi amada madre a los 72 años. No fue fácil sentarla para una foto.

Yo a los 11 años y listo para servir al Señor.

Mi motocicleta Puma era el vehículo que me transportaba para servir al Señor. Tenía 17 años y salía en esta motocicleta a evangelizar a cuantos encontraba en el camino.

Instituto Bíblico Río de la Plata, donde Martha estudió; en mi época estaba en City Bell (Provincia de Buenos Aires).

Cruzada evangelística en la cancha de Atlanta con Tomy Hicks y Pablo Sorensen. Interpretando. ¡Qué experiencia tan inolvidable para mí ser su secretario privado! Su influencia me ayudó a comenzar mi ministerio. (1954)

Yo interpretando al evangelista Tomy Hicks para la revista Ahora.

Cantando en trío junto con David y Rolph Andresen en la Iglesia de San Martín que fundamos con mi hermano Rubén y mi cuñado Carlos Naranjo. Tommy Hicks, sentado a mi izquierda, fue el predicador en esta foto. (1954)

Evangelizando en las selvas misioneras. Allí el caballo era mi medio de transporte. (1955)

Evangelizando a los indios en las selvas de Formosa. Mis ayudantes eran hermanos ucranianos bautistas. (1956)

Bautizando en la pileta de natación de los hermanos Rivadera durante la cruzada en La Cumbre, Sierras de Córdoba en 1958.

Iglesia de Hidalgo y otros invitados celebrando «Canto de Amor en Navidad» en un teatro en el centro de Buenos Aires. Alrededor de 1960, cuando los evangélicos éramos solo un 2% en la Argentina, nuestra iglesia en Buenos Aires con 2.000 miembros era considerada numerosa. En la actualidad hay iglesias con 20.000 o más miembros.

Una de las muchas cruzadas que realicé alrededor del mundo. Esta fue en Seoul, Corea en octubre 2005.

¡Qué emocionante fue tocar la silla de Juan Calvino y predicar en su púlpito en la Catedral de Ginebra, Suiza en 1997.

CAPÍTULO 7
Mi primer viaje a los Estados Unidos

A los 21 años recibí una beca para ir a los Estados Unidos con el objeto de continuar mis estudios de teología en Greenville, Carolina del Sur, asistiendo a la Universidad Bíblica Holmes College de la Iglesia Pentecostal de la Santidad, que era parte de la Unión de las Asambleas de Dios en Argentina.

Al llegar a Estados Unidos con solo dos dólares en mi bolsillo que mi amigo David Andresen me dio en el aeropuerto antes de que partiera, estaba lleno de fuego. No podía, consciente o inconscientemente, dejar de imitar a Tommy Hicks, mi héroe. La cruzada de Corrientes aún estaba fresca en mi corazón.

Viajé a Estados Unidos unos pocos meses antes con la intención de mejorar mi inglés antes de ingresar a la universidad. Un misionero de la Soul Clinic, Don Spiers, me recomendó y fui alojado en la Soul Clinic Mission School en Miami. Las personas eran muy cordiales conmigo, me recibieron como a un hijo.

Tan pronto como llegué, el primer domingo visité una iglesia hispana llamada Biblia Abierta. Cuando le dije al pastor que había sido secretario de Tommy Hicks, me invitó a realizar una cruzada. Recibí ofrendas que doné a la misión que me estaba hospedando. Un mes más tarde un alumno y yo manejamos un automóvil de alquiler hasta Nueva York. Nos detuvimos en la Universidad de Carolina del Norte, a donde se suponía que debía asistir, llegando justo a tiempo para ver la graduación del primer año. Con cautela, miré el programa de estudios y hablé con la administración y algunos alumnos. Me di cuenta de que eso era exactamente lo que ya había estudiado en el seminario bíblico, el Instituto Bíblico Río de la Plata en Buenos Aires. La diferencia era que estaba en inglés. Consideré que cursar esos estudios podía llegar a ser una pérdida de cuatro años de mi vida. Quería invertir el tiempo en acercar a la gente a Cristo. Entonces, mientras estuve en Nueva York, decidí pedirle a la universidad que me diera de baja en sus listados para poder regresar lo antes posible a la Argentina.

MIS DÍAS EN LA GRAN MANZANA

En Nueva York me alojé en la New York Soul Clinic. Mis amigos de Miami me habían recomendado. Ahora contaba con cien dólares, eso era mucho dinero en 1955. El segundo día, el líder explicó durante las devociones que ellos estaban muy cortos en sus fondos y que pedía la ayuda de los alumnos. Decidí hacer justo lo que hizo la viuda de la Biblia, dar todo lo que tenía para ayudar, confiando en que el Señor satisfaría todas mis necesidades a partir de ese momento. Le prometí a Dios que no le contaría a nadie que no tenía dinero, sino que confiaría en él. Ni siquiera tenía un conocido en toda Nueva York.

El tercer día de mi estancia allí, después del desayuno, el director de la Soul Clinic School me dijo que nunca daban alojamiento a nadie que no fuera alumno durante más de tres días y que tenía que buscarme un lugar. Esa era la política de la institución y debía respetarla. Así que pedí permiso para dejar mi maleta hasta encontrar otro lugar para alojarme, sin saber dónde ir. Estaba solo en Nueva York, la Gran Manzana, sin saber adónde iría, sin un centavo en el bolsillo, sin amigos, sin conocidos, pero con la paz y el fuego del Señor que sobrepasa todo entendimiento.

Lo que me ayudó fue que ya había vivido por fe en la Argentina, así que no estaba demasiado preocupado. Creía que Dios proveería en Estados Unidos como lo hizo antes. También creía que cuando no tuviera comida era porque Dios quería que ayunara. Ese mismo día, después de haber estado en la calle caminando todo el día y sentándome en los parques, cuando llegó la noche no tenía un lugar donde refugiarme del frío, entonces decidí caminar por la avenida Westchester en el Bronx, ya que era la calle más iluminada de la zona. A eso de las 4 A.M. mientras caminaba, vi un gran cartel de neón en español que decía: «Oramos las 24 horas. Entra». Así que entré. Era una puerta angosta al igual que la escalera que daba a una torre. Cuando entré había únicamente una persona en la sala de oración, así que me arrodillé y comencé a orar. Me alegró tener un refugio. Tan pronto como ingresé la otra persona se fue. Más tarde leí un cartel que decía: «No dejes este sitio hasta que ingrese otra persona». Era una torre de oración de una iglesia grande que oraba las 24 horas del día sin interrupción desde que fue fundada. Así que ahí estaba yo, después de todo, era un buen lugar para terminar la noche.

Alrededor de las 8 de la mañana empezó a llegar gente y llenaron la sala con sus oraciones en voz alta. Más tarde descubrí que era una iglesia de las Asambleas de Dios y que la Conferencia de Distrito Hispánico del Este de las Asambleas de Dios comenzaba ahí ese mismo día. Era la iglesia hispana de Juan 3:16 más grande de Nueva York, cuyo pastor era el reverendo Tañón. Me sentí como en casa.

La conferencia comenzó con la inscripción por la mañana. Yo no me inscribí porque no tenía dinero. Durante el devocional, le dieron la bienvenida a los delegados del Estado del Este del río Mississippi. Había unos dos mil representantes. Luego continuaron dando la bienvenida a los visitantes de otros estados, de México, Cuba, Puerto Rico y Centroamérica. Más tarde dijeron:

—¿Hay alguien de otro país que no hayamos mencionado?

—Sí —grité desde atrás—, soy de Argentina.

Y como Argentina está en el extremo del mundo, todos se dieron vuelta y aplaudieron. Entonces el líder dijo:

—Oí que la Argentina está pasando por un gran avivamiento después de la cruzada de Tommy Hicks, ¿podría acercarse al podio y contárnoslo?

Cuando les dije que yo había sido su secretario privado aplaudieron y luego se sorprendieron. Después de mi testimonio se acercaron a mí con preguntas y me dieron una cinta que indicaba que era un invitado, lo que me permitió comer gratis. No había comido el día anterior. Le agradecí a Dios, pues tenía hambre. Permanecí allí todo el día. A la noche, justo antes de la inauguración oficial de la conferencia, el director se me acercó y me dijo: «El disertante principal no va a llegar a tiempo por una demora en su avión, la junta directiva me solicitó que lo invitara a usted a reemplazarlo».

Solo tenía 21 años. Acepté la invitación y el Señor bendijo a los asistentes de tal manera que tan pronto terminé de predicar se formó una larga fila de pastores que me invitaban a predicar en sus iglesias. Esa noche, aunque me hice muy famoso con todos los pastores de la conferencia, nadie supo que no tenía un centavo en mis bolsillos o un lugar para dormir.

Uno a uno se fueron y yo estaba listo para ir a la sala de oración nuevamente. Al poco tiempo el santuario estaba casi vacío. El pastor asistente de la iglesia local, el reverendo Pellé, fue quien cerró la puerta para que él y yo fuéramos los últimos. A él le encantaba mi acento y me hizo muchas preguntas sobre Argentina, Carlos Gardel, Libertad Lamarque, Hugo del Carril y todos los actores y jugadores de fútbol famosos de esa época. Cuando estaba a punto de cerrar la puerta y yo me dirigía a la torre de oración, mi nuevo amigo me preguntó: «¿Dónde te alojas?». Le dije: «Bueno, le prometí al Señor que no compartiría mi condición con nadie a no ser que me lo preguntaran, y tú me lo estás preguntando, así que la realidad es que no tengo dónde ir, no tengo amigos ni conocidos en la ciudad, de modo que pensé ir a la torre de oración como lo hice anoche». El pastor tomó de inmediato el teléfono e hizo algunas llamadas y me encontró un lugar para que me quedara.

Cuando el director de las Asambleas de Dios se enteró de mi situación, me invitó a su casa. Vicente y Delia Ortiz formaban una encantadora pareja que pensaba que yo era demasiado joven para estar solo en la ciudad de Nueva York. Me invitaron a vivir con ellos y se convirtieron en mis mentores. Este hombre devoto y su esposa se convirtieron en amigos para toda la vida. Imagina, tener tutores de ese calibre. Esta pareja luego le brindó hospedaje a David Wilkerson mientras estuvo en Nueva York y trabajó muy cerca de él, convirtiéndose en mentores de Nicky Cruz.

Prediqué por todo Nueva York y Nueva Jersey mientras vivía con uno de los hombres más respetados de las Asambleas de Dios. Durante el transcurso del año llegué a conocer bien el complicado sistema subterráneo. Me sentía muy bendecido en Nueva York, cambié mi visa de estudiante a la de turista y me quedé enseñando y predicando en las iglesias portorriqueñas más grandes de las Asambleas de Dios y de la Iglesia de Dios allí. Prediqué en iglesias grandes, conociendo la maravillosa cultura portorriqueña y el amor por el arroz y las habichuelas. Vicente y Delia Ortiz eran santos. Me trataron como a un hijo.

A la Navidad siguiente, regresé a la Argentina para visitar a mi familia. Extrañaba a mi madre, mis hermanos y mis amigos, aquellos con los que había entablado una relación mientras estaba en el seminario y durante la época de Tommy Hicks. Casi me olvidé de mi iglesia italiana. Pensaba que era una causa perdida, pues ellos nunca me comprenderían y yo no podía volver a ese sistema. Al visitar Argentina compré un pasaje de ida y vuelta para regresar a Nueva York después de Navidad, con el fin de completar mis compromisos pendientes. Sin embargo, durante ese período la compañía de aviación quebró y ninguna otra quería tomar mi boleto. Así que interpreté que Dios quería que permaneciera en Argentina.

PARA REFLEXIONAR: La Biblia promete que si abandonamos a nuestros padres para servir al Señor, él nos proveerá cien veces más, ¿no es eso cierto para todos los que dejamos todo por el Reino?

«Más bien, busquen primeramente el reino de Dios y su justicia, y todas estas cosas les serán añadidas» (Mateo 6:33).

CAPÍTULO 8
De regreso a la Argentina

CREANDO NUEVAS IGLESIAS

Tenía 22 años. Llegué a la Argentina de sorpresa, ingresé a la cocina de mi casa y mi mamá estaba lavando los platos. ¡La abracé desde atrás y cuando me vio su emoción fue tal que perdió la voz por completo durante dos días! Por supuesto, el primer domingo fui a mi amada iglesia italiana. La actitud no había cambiado. No obstante, después del milagro de mi relación con Tommy Hicks se me abrieron muchas puertas para el ministerio y pude predicar en la mayoría de las denominaciones pentecostales. Ahora no solo tenía muchos amigos en las Asambleas de Dios, sino que también las puertas estaban abiertas.

Estaba por iniciarse una nueva etapa en mi vida, y aunque yo seguía amando y extrañando a mis amigos italianos, tenía nuevos amigos en todos mis ex profesores, misioneros y sus familias, que eran los líderes espirituales de la denominación en esos días. Los Andresen eran los más cercanos, porque sus hijos eran mis amigos. La señora Andresen era una persona cariñosa y una mujer de oración que vivía en el Espíritu. Eran noruegos, pero la mayor parte de sus hijos habían nacido en Argentina. Ella atraía a personas como yo, que estaban enamoradas de Jesús. Tenía una voz espléndida y era una persona feliz, una verdadera santa. Su casa siempre estaba abierta para todos. Tenía hijos de mi edad que se convirtieron en mis amigos íntimos. Todos eran músicos y cantantes muy talentosos. Tanto chicas como muchachos tocaban varios instrumentos. Cantábamos en duetos, tríos, cuartetos y quintetos. Íbamos a las iglesias con los instrumentos y cantábamos. Cantábamos, predicábamos y dábamos testimonio de lo que Jesús había hecho en nuestras vidas. Cuando viajábamos, subíamos los instrumentos al tren, donde también cantábamos y predicábamos a los pasajeros. Esta fue una etapa feliz de mi vida, tanto espiritual como social, y tales compañeros reemplazaron a mis amigos de mi amada iglesia italiana.

Eran tan cálidos y generosos que pasaba casi la mitad de mi tiempo libre en su casa, haciendo cosas juntos para el Señor y su Reino. Disfrutaba de mis amigos y del ministerio. Éramos un grupo feliz junto a muchos otros jóvenes. Nos divertíamos y teníamos un ministerio. Este grupo de cristianos comprometidos era un oasis espiritual para mí, un buen ejemplo y maravillosos consejeros para muchos jóvenes. Con su ejemplo, los Andresen se volvieron mentores para muchos futuros ministros. Esto satisfacía nuestras necesidades espirituales y sociales. Todos habíamos ayudado como voluntarios en las reuniones de avivamiento de Tommy Hicks y estábamos muy cerca de él. Mis amigos habían sido los músicos de la cruzada y yo el secretario personal.

Si bien había llegado de los Estados Unidos para pasar un mes en mi hogar y luego regresar, permanecí en Argentina. No solo por haber perdido mi boleto de avión, sino también por las abrumadoras actividades espirituales y la cantidad de puertas que repentinamente se me abrían para el ministerio. La obra del Señor era fácil, ya que lo hacíamos por fe, no recibíamos dinero a cambio. Yo solo tomaba trabajos transitorios cuando necesitaba un pasaje de ida a alguna ciudad lejana. Dormía en cualquier lado, a veces en la estación de trenes, debajo de un puente o en la comisaría, hasta que alguien me invitaba a su hogar. Comía si alguien me invitaba. Cada día era una gran aventura. Predicábamos del Señor yendo casa por casa y haciendo cruzadas en parques, estaciones de trenes o simplemente las esquinas de la calle. Yo empezaba a cantar con mi guitarra, la gente me rodeaba y luego predicaba. Después, la gente me ayudaba a alquilar un lugar y así se iniciaba una nueva iglesia. Me quedaba desempeñándome como pastor hasta que la denominación, generalmente las Asambleas de Dios, enviaba a un ministro para reemplazarme.

NUEVAS AVENTURAS

Una mañana, luego de orar, me levanté, fui a la estación del ferrocarril, y compré un boleto que me llevaría al final de la línea del tren, 1.000 kilómetros al norte, a la ciudad de Resistencia, provincia de Chaco. Allí no me sentía cómodo, así que tomé un ómnibus y seguí viajando hacia el norte, hasta que llegué a la ciudad de Formosa, en la frontera con Paraguay. Llegué un sábado y pregunté en el hotel si había cerca una iglesia evangélica. Al día siguiente terminé en una iglesia muy pequeña de la denominación «Gracia y Gloria». Los pastores eran misioneros de Inglaterra, el señor y la señora Dring. Él estaba realizando un viaje de misión entre los indios. Su esposa, una mujer maravillosa, predicaba con un fuerte y hermoso acento británico. Luego del servicio me preguntó quién era, le dije que era predicador y le conté la historia de Tommy Hicks. Me dijo que su esposo había recibido una palabra de Dios de que este era el año del avivamiento en la provincia de Formosa, y agregó: «Quizás tú eres el predicador que traiga ese avivamiento». Le comenté que mis intenciones eran ministrar a los indios. Ella me contestó que su esposo estaba con ellos y que no había forma de comunicarse con él (en esa época no había teléfonos celulares, ni siquiera teléfonos fijos en el norte de nuestro país), pero yo podía viajar al lugar donde él estaba y hallarlo allí.

Tomé el tren con la intención de llegar a la aldea donde estaba el señor Dring, pero seguía inquieto, así que fui a otro lugar y terminé en el pequeño pueblo de Ibarreta. Era una aldea de aproximadamente 300 habitantes, rodeado por plantaciones de algodón. Este pequeño pueblo era el sitio donde los granjeros iban a proveerse. Allí había una clínica de primeros auxilios, una farmacia, una tienda de ramos generales, el correo, una escuela primaria, la iglesia católica y algunas pocas cosas más. Esto fue en 1956. La mayoría de los granjeros tenían una casa grande en el campo y otra más chica en el pueblo, donde permanecían sus esposas durante el año lectivo con sus hijos. Los padres y los niños más grandes vivían y trabajaban en la granja. No había pavimento y el transporte era mediante carros tirados por caballos. El viaje de la aldea a las granjas era largo, ya que estaban en medio del bosque, y cuando llovía no había cómo ir.

Cuando bajé del tren, no tenía ningún plan ni ningún sitio al que llegar. Así que le dije al jefe de la estación: «Me gustaría ir a una granja a trabajar en la cosecha de algodón y ver a los indios». Señalando una casa próxima a la estación dijo: «En esa casa vive una familia que tiene una granja grande, tal vez encuentres un empleo allí». Cuando golpeé la puerta, una mujer ucraniana me preguntó qué quería. Le dije que estaba buscando trabajo para cosechar algodón. «¿Usted?», me preguntó. Yo estaba bien vestido, con ropa sintética importada de Estados Unidos. Me miró sorprendida y dijo:

—Pero usted no es un cosechador, luce como una persona de la ciudad, ¿quién es usted en verdad?

—Bien, para ser honesto, soy predicador del evangelio de Jesucristo, pero Dios me dio una carga por los cosechadores indios, así que vine a trabajar para poder compartir el evangelio con ellos en mi tiempo libre, y creo que para hacerlo debo convertirme en uno de ellos —le dije.

—Entonces no va a cosechar, va a predicar. Somos creyentes bautistas de Ucrania y nunca tenemos predicadores por aquí. Nos reunimos los domingos, leemos la Biblia y cantamos en ucraniano. Pero nos encantaría ganar a las personas que hablan español para el Señor. Dios lo envió.

Preparó un sulky (un pequeño carro para dos, tirado por caballos) y me llevó a la gran granja donde estaban trabajando su esposo y sus hijos mayores. Al llegar fui recibido como si fuera el mismo Jesús. Era muy joven, tenía alrededor de la misma edad de algunos de sus hijos, por esa razón ellos también me veían como un hijo más. ¡Nunca esperé tanto cariño!

A partir de ese día organizaron reuniones con todo el personal que trabajaba con ellos y también invitaron a los empleados de otras granjas ucranianas. Era una pequeña colonia de granjeros ucranianos. La mayoría de los creyentes de ese lugar habían tenido la carga de evangelizar a los criollos que trabajaban para ellos y también a los indios que vivían en los alrededores. ¡No pudo haber sido mejor! Eso cumplía exactamente con mi deseo y aun superaba mis expectativas. Mi plan era dar testimonio como predicador, en cambio ellos me brindaron una mayor hospitalidad al recibirme como ministro. Como propietarios, invitaron a sus empleados a asistir a las reuniones. Todos tuvieron que asistir y muchos fueron salvos. Finalmente, no tuve que cosechar algodón, solo me dediqué a cosechar personas, a la oración y al estudio. Pasé a ser el pastor de estos ucranianos los días domingos. Y durante la semana, misionero para las personas de habla hispana en las granjas. Los Harmernik eran una buena familia cristiana. Aunque en todos esos años no tuvieron un pastor, habían sido fieles al Señor en medio de un páramo. Fueron una gran bendición para mí y sus trabajadores. Cuando compraban ropas para sus hijos, también me compraban a mí. Me convertí en un miembro más de la familia. Nunca hubo problemas, solo amor.

Tal como dije antes, cuando me fui de Buenos Aires no le había dicho a nadie de mi familia adónde iba hasta que llegué a Ibarreta. Dos semanas más tarde, mi hermana Elsa se apareció por sorpresa y me dijo: «Tuve que hacer todo este recorrido para verte». Luego llegó mi madre. Siempre supe que tenía la mejor familia del mundo. Disfrutamos mucho juntos. Ibarreta fue mi sede central por un tiempo y desde allí viajábamos a muchas otras aldeas en carros tirados por caballos.

LAS LOMITAS

Después de un tiempo me fui a Las Lomitas, un pueblo en la zona de la frontera. No había policía y el ejército se hacía cargo del orden. En esta ciudad estaban las barracas del ejército y la cárcel. Los miembros del ejército y el director de la escuela habían sido enviados a ese lugar como castigo, porque no estaban de acuerdo con el presidente Perón. Eran personas muy educadas y nos hicimos muy amigos. El hecho de que yo hubiera estado en los Estados Unidos me hacía parecer importante ante ellos.

Comencé a predicar en la pequeña plaza de la aldea. Un día, antes de que fuéramos amigos, el oficial del ejército, instigado por el sacerdote local, me dijo:

—Deje de predicar o lo llevaremos a la cárcel durante una semana.

A lo que respondí:

—Maravilloso, ¿también me darán comida gratis? Necesito alojamiento y algo de descanso.

—Podemos dejarlo adentro durante un mes si queremos… —me dijo.

—Bueno, mejor aún, así puedo predicarles a todos los soldados de la barraca y a los reclusos.

Me preguntó qué haría si fuera liberado. Le dije que continuaría predicando en la plaza. Se puso furioso conmigo y me dijo:

—¿Qué puedo hacer en su contra?

—Ese es su problema. Si me encierra, estaré encerrado para el Señor. Si me libera, estaré liberado para el Señor. Así que esté adentro o afuera, vivo para el Señor —respondí.

De inmediato me liberó. Por supuesto trató de asustarme, pero no tenía motivos para arrestarme por predicar en un lugar público. Más adelante nos hicimos amigos y me volví parte de la pequeña élite de ese pueblo. Aunque algunas personas aceptaron a Cristo allí, el grupo de Las Lomitas no creó una iglesia. No contábamos con ningún líder para cuando yo me fuera. Como nunca regresé y era tan lejos y fuera del camino, realmente no sé qué sucedió después.

CRUZADA EN LA CIUDAD DE FORMOSA

El señor Dring, el misionero inglés que conocí en mi breve visita a la ciudad de Formosa, oyó hablar de mí y de lo que estaba sucediendo en el interior de esa provincia. Vino a verme a Las Lomitas y me dijo que yo era la persona que Dios le dijo que facilitaría el avivamiento en la gran ciudad de Formosa. Así que fui a la ciudad con él. Juntos planificamos una cruzada. Esta resultó ser la primera vez que en Formosa una campaña fue auspiciada por una iglesia y un pastor. Por primera vez contamos con un sistema de amplificación a batería y un lugar decente para iniciar la cruzada.

Tenían un pequeño armonio a pedal, cantábamos y predicábamos. Cada día se agregaba más y más gente. Finalmente hicimos la cruzada a cielo abierto, porque no pudimos encontrar un sitio lo suficientemente grande como para alojar a todos. Muchos recibieron la salvación y fueron bautizados en el río Paraguay. Por lo menos mil personas. Una noche, mientras predicaba dentro del gran patio de la iglesia, vino una pandilla de unos cincuenta jóvenes a nuestra reunión y comenzó a arrojarles piedras a nuestro grupo y a mí. Un grupo de amigos me salvó al encerrarme en una habitación que estaba detrás de la plataforma. Los nuevos creyentes y simpatizantes comenzaron a defenderme devolviendoles las mismas piedras a los atacantes. Las sillas se convirtieron en armas y la pelea continuó durante treinta minutos. Como resultado de ese enfrentamiento quedaron algunos heridos. Al rato llegaron los bomberos para dispersarlos con mangueras. Vino la policía y disparó al aire, y entre ambos dieron fin a la pelea. Al día siguiente podían leerse los titulares del periódico: «Los protestantes atacaron a los católicos». Esa era una mentira y la gente lo sabía. Las marcas de las piedras estaban detrás de la plataforma. Vino la policía y me llevó a la cárcel. Por supuesto, los acusadores no pudieron demostrar lo que decían, porque había muchos testigos. Fui liberado después de horas de darles testimonio sobre Jesús a los oficiales que escribían todo lo que decía.

Ese acto le dio otro empujón a nuestra cruzada y vino más gente aún. A partir de ese momento, en cada lugar al que iba a predicar había un grupo de jóvenes preparado para atacarme. Mi vida corrió peligro muchas veces. Sin embargo, el éxito fue fantástico. Pronto el misionero comenzó a erigir un nuevo edificio con ayuda de recursos económicos que venían desde Inglaterra y Estados Unidos. Este lugar aún está en pie y funciona hasta la fecha en la ciudad de Formosa como la Iglesia Gracias y Gloria y la Escuela John Dring. Ahora, tanto el señor como la señora Drings están con el Señor.

En pocos años se abrieron varias iglesias en esos pueblos. Muchas veces viajé en la línea de ferrocarril predicando en casi todas las aldeas de esa provincia y también ministré a los indios en las reservas de los pielagás, los tobas y los matacos. Junto con el apoyo de los cristianos que estaban en esos sitios, llenamos muchos pueblos con las Buenas Nuevas de Jesús.

PIRANÉ

Pirané era la ciudad más grande en la línea del tren y contaba con 2.000 habitantes o quizás más. Esta fue otra gran iglesia que se creó en cooperación con las Asambleas de Dios suecas. El pastor Teófilo Álvarez era un líder increíble y me invitó a esta ciudad. Era un ser incansable y me enseñó a tocar la guitarra.

La persona clave de Pirané era la hermana Mauricia Bueno, una vida que estaba llena de Jesús y era propietaria de un almacén. Tenía una casa pequeña con cocina y dos cuartos. Ella dormía con su hija menor en una habitación y Teófilo y yo en la otra, en dos catres. En este pueblo no había electricidad ni agua corriente.

El techo de paja tenía muchas goteras y cuando llovía debíamos cerrar nuestros catres y pararnos en un rincón del cuarto donde no había goteras. Las paredes eran de paja y barro y estaban llenas de agujeros por los que a veces nos visitaban gallinas, patos, sapos y hasta serpientes. El primer día, cuando pregunté dónde estaba el baño, ella me dijo: «Puedes elegir el árbol que quieras». Como el agua escaseaba, mi baño consistía en medio balde de agua y una toalla pequeña. Había muchos mosquitos y debíamos dormir debajo de un velo.

La cocina era muy singular. También estaba hecha de barro, con tres agujeros grandes en las paredes por los que se introducían tres troncos enteros de árbol. Los otros extremos de esos troncos se unían en el centro de la «cocina» y esas tres puntas se encendían en el centro del sucio piso y se las dejaba encendidas día y noche. A medida que se consumían esas puntas se empujaban los troncos hacia el centro para que el fuego siguiera encendido hasta que los leños se consumieran por completo y entonces se traían nuevos largos troncos del bosque. Había una cuerda de acero colgando del techo con una roldana donde la olla estaba atada y tenía la altura justa sobre el fuego. ¿Qué tiene que ver esto con el ministerio? ¡Mucho! Muchos de los pueblos más cercanos estaban a horas o días de viaje a caballo por caminos de barro. De allí grupos de creyentes y sus líderes venían a las cruzadas en el pueblo. Estas cruzadas nunca tenían fecha de finalización, ya que duraban hasta que se estableciera una iglesia.

Durante el día, todos estos líderes de grupos pequeños, formados a pulmón, tocaban la guitarra y cantaban. Así que decidí crear una escuela bíblica de día y predicar a la noche. Durante cinco horas por día enseñaba lo que había aprendido en el instituto bíblico. Esto fue un extra, pero como tenía unos 23 años de edad, era capaz de hacerlo. La hermana Mauricia traía todo lo que podía de su tienda, cocinaba las gallinas, los pollos y los patos, y nos daba de comer a todos a diario. Cocinaba un estofado con arroz y dejaba colgando la olla sobre el fuego para no perderse el servicio. Así que tan pronto terminaba el servicio, salía corriendo a fin de preparar afuera las mesas para toda la gente que venía de más de 30 y 50 kilómetros todas las noches.

Una de esas noches la hermana Mauricia se me acercó y me dijo: «Juan Carlos, por favor no comas esta comida, al regresar del servicio vi que las gallinas se habían metido en la olla y estaban comiendo, pero no tengo otro alimento para darles. Así que oraré y se la daré a ellos, pero preparé algo distinto para ti».

Cuando mi madre podía enviarme algo de dinero, iba a un hotel para bañarme. No pienses que era un hotel de ciudad, era casi como la casa en la que vivía. El baño era un cuarto pequeño con un balde colgando del cielorraso con una polea. Había que bajar el balde, llenarlo con agua, subirlo y darte una ducha. Pagaba 50 centavos por eso, una vez a la semana, ¡pero era tan agradable!

Tuve grandes alegrías allí, pero también días de depresión. Las diferencias culturales, mi soledad, todo esto era algo a veces muy difícil. Extrañaba a mi familia y a mis amigos de la ciudad. Siempre estaba con un grupo, pero extrañaba mi hogar, mi habitación, mi cama, mi baño con agua caliente, la electricidad, mis amigos de Buenos Aires… Tenía 23 años. Algunos días iba al bosque con mi guitarra para cantar y llorar… Un día, me sentía triste y estaba con mi guitarra cantando: «Eli, Eli, ¿lama sabactani?», que traducido es «Dios mío, Dios mío, ¿por qué me has desamparado?»; y de repente, oí el sonido de un avión pequeño. Salí y lo vi en el cielo dando círculos. Todos lo estaban mirando. Nunca pasaban aviones por ese pueblo chico en medio del bosque. Después de media hora, el piloto del avión se acercó a mi casa, ¡se trataba de uno de mis amigos que era piloto! Rubén Anderson, el hijo de Sture Anderson, el misionero de Corrientes. Era un sueco muy rubio, con sus ojos azules, muy elegante, de buen aspecto, con un saco de cuero negro. Casi me desmayo, ¡vaya sorpresa inesperada! ¡Uno de mis amigos se acordó de mí y vino a visitarme desde lejos! Me dijo: «Juan Carlos, ¿qué estás haciendo aquí? ¿Cómo puedes vivir así?».

Su visita trajo gozo a mi vida y una respuesta de Dios diciéndome: «No te he olvidado». Dios estaba respondiendo a lo que yo estaba cantando. Tiempo después Rubén se casó con una de las hijas de Andresen. Hasta el día de hoy continuamos nuestra amistad, ellos tienen aproximadamente mi edad y viven en Castro Valley, California del Norte.

Mientras visitaba las reservas indias pude ver la gran obra que la Sociedad Misionera Sudamericana de la Iglesia Anglicana, la SAMS, hizo con los indígenas. Tradujeron a su dialecto el Nuevo Testamento, un diccionario y un libro de gramática con el idioma hablado solo por las pequeñas tribus de indios de esa región: tobas, matacos y pielagá. Estos libros eran impresos en Oxford, Inglaterra. Luego tuve el privilegio de visitar la iglesia anglicana y la sede de la misión en Inglaterra. Hablé en su convención y les agradecí personalmente por su gran contribución a nuestros indígenas.

PARA REFLEXIONAR: El Señor, antes de ascender al cielo, dejó un mandato muy claro para que todos sus hijos lo obedecieran, ¿considerarías dedicar un rato a preguntarte si satisfaces el deseo de Jesús? Te invito a hacerlo.

«Por tanto, vayan y hagan discípulos de todas las naciones, bautizándolos en el nombre del Padre y del Hijo y del Espíritu Santo, enseñándoles a obedecer todo lo que les he mandado a ustedes. Y les aseguro que estaré con ustedes siempre, hasta el fin del mundo» (Mateo 28:19-20).

CAPÍTULO 9
La reconciliación con mi iglesia italiana

Luego de haber regresado de los Estados Unidos, las noticias sobre el avivamiento en el norte de nuestro país se difundieron entre las iglesias pentecostales de Buenos Aires, incluso en mi ex iglesia italiana. La mayoría de las cruzadas se hacían al aire libre. No asistía a mi iglesia regularmente como lo hacía antes, solo una vez cada tanto, porque estaba ocupado predicando a tiempo completo.

Un día, estaba en casa en una fiesta con algunos amigos cristianos de las Asambleas de Dios, celebrando las bendiciones del Señor, y a eso de las diez de la noche alguien golpeó la puerta. Me impactó ver a mi ex amigo íntimo, Daniel. Le pregunté si había muerto alguien. Me respondió que no había ocurrido nada, solamente quería hablar conmigo. ¡Mi corazón comenzó a dar saltos! Le dije que en ese momento estaba en una fiesta y él me contestó que no le importaba esperar toda la noche.

Cuando finalmente mis amigos se fueron, mi amigo Daniel me dijo: «Como sigues viniendo de vez en cuando a la iglesia, ellos no saben cómo detenerte. Cuando decían que tenías una doctrina equivocada, les creí, pero luego dijeron muchas otras cosas las cuales yo sabía que no eran ciertas porque te conozco». Me dijo que su conciencia lo molestaba y que le había pedido a Dios que le diera una señal para venir a hablar conmigo. Dijo: «Le pedí al Señor que si tienes la razón, que al imponerme las manos yo sea bautizado en el Espíritu Santo y hable en otras lenguas, y si eso no sucede, los ancianos son los que tienen razón. Así que por favor ora por mí». Nos arrodillamos y oramos, él rebosó de inmediato con el Espíritu Santo de una manera tal que esa noche se emborrachó del Espíritu, tal como me había sucedido a mí, hasta el punto en que tuve que llevarlo a su casa hablando en lenguas en un ómnibus público. Llegamos cerca de las cinco de la madrugada. Entró a su hogar hablando en lenguas. No me dejó entrar en su casa, porque su padre era uno de los ancianos.

Más adelante me contó que su familia oyó el ruido que había hecho y que todos se levantaron y comenzaron a alabar al Señor. Daniel no pudo volver a hablar en español durante horas, solo hablaba en lenguas. Más tarde, ese día, pudo contarle a su papá: «Papá, si Dios te pidiera que hicieras algo que no te gusta, ¿lo harías?». El padre respondió: «Sí hijo, haría cualquier cosa que Dios me pidiera que hiciera». Daniel dijo: «Ve y discúlpate con Juan Carlos», y le contó la historia de su visita la noche anterior.

Su padre solía amarme mucho, yo había sido el compañero de oración de su hijo, era como otro hijo para él, me había quedado en su casa innumerable cantidad de veces, pero por los asuntos doctrinarios y la obediencia a la iglesia votaba en mi contra. Vino a verme al sábado siguiente a la iglesia de las Asambleas de Dios en la que yo me encontraba predicando. Después del servicio, mientras nos abrazábamos, se puso a hablar en lenguas. Nunca antes había tenido esa experiencia pentecostal, pero esta vez el Espíritu Santo se movió dentro de él de una manera poderosa, al igual que en su hijo.

Estas experiencias hicieron que la junta directiva de la iglesia italiana reconsiderara su posición. Se derogó la disciplina y el

16 de agosto de 1958, justo después de mi cumpleaños número 24, fui ordenado ministro de la palabra y de los sacramentos por ellos y se volvió a abrir el púlpito de la iglesia para mí. Toda la iglesia me abrazó con amor. Fue uno de los mejores días de mi joven vida. Mi madre tenía razón, ¡y estaba tan feliz! Ella me había dicho que esto sucedería, y ocurrió de un modo sobrenatural. Ahora tenía a mis amados amigos nuevamente conmigo y a la querida familia Grasso como antes. Mi iglesia me reconoció como evangelista y tuve la libertad de trabajar para todas las denominaciones.

Muy pronto Daniel asistió al mismo seminario bíblico que yo, se ordenó y con el paso de los años se convirtió en el Superintendente General de la Unión de las Asambleas de Dios. Hizo un trabajo tan bueno, que fue reelegido varias veces. Creíamos que sería el director eterno. Después de muchos años, me convertí en pastor de la iglesia más grande de las Asambleas de Dios en Buenos Aires. En el segundo piso del mismo edificio estaba la sede de las Asambleas de Dios y las oficinas de Daniel. Fue un gozo trabajar juntos. Nunca perdimos nuestra amistad y la aceptación de la iglesia italiana. Otro amigo de la iglesia italiana que fue atraído por la misma escuela teológica y cuyo ministerio se volvió internacional fue Omar Cabrera, y también otro más del mismo lugar, Tito Scataglini, que se casó con nuestra amiga Isabel Rebuffo. Todos estos hombres fueron poderosamente utilizados por Dios y los amigos de mi juventud.

Después de ordenarme en la iglesia italiana fui, con su apoyo, a continuar con mi obra evangelista. Ellos comprendieron que mi obra era interdenominacional, así que me comisionaron sin condiciones. Como ya había viajado por Argentina y Estados Unidos invitado por diferentes iglesias, terminé creyendo que para Dios y para mí hay solo UNA iglesia. Las divisiones se producen porque algunas congregaciones no pueden contener a otras. Sin embargo, yo me siento como en casa en la mayoría de ellas. Tengo mis convicciones teológicas, pero respeto las convicciones teológicas de los demás y amo a todos los que tienen a Cristo como su Señor.

CAPILLA DEL MONTE

Justo después de mi ordenación, decidí regresar a Formosa y a los indios para continuar con mi misión allí, pero ahora con la bendición de mi iglesia. Cuando hablé en mi despedida en la iglesia italiana, una dama de Capilla del Monte, Córdoba, me rogó que visitara a su pequeño grupo durante dos o tres días en su pueblo que estaba de camino a Formosa. Mientras lo visitaba, si bien estaba de pasada en esa ciudad, fui solo con mi guitarra y mi Biblia a un parque, comencé a cantar, y cuando la gente se reunió, empecé a predicar. El primer día tuve una docena de personas escuchándome. Pregunté si volverían al día siguiente y respondieron afirmativamente. Luego hubo cien, más adelante varios cientos, ¡hasta que llegaron a mil!

Una pareja menonita que ya era creyente se unió a nosotros. Ellos tenían una casa grande para alquilar, pero nos la prestaron sin cobrarnos nada. Me mudé allí y mi madre vino de Buenos Aires para ayudarnos. Alberto Naranjo, mi sobrino, vino a ayudarnos con la música y pudimos alojar visitantes que venían de otras ciudades para ver qué estaba sucediendo. Alquilamos un teatro para continuar con nuestras reuniones en invierno. Fue en esa transición que una noche tuve una pesadilla de una guerra espiritual, hasta el punto que dos pastores visitantes y mi sobrino que dormían en el mismo cuarto que yo se despertaron y se unieron a la lucha contra las fuerzas del mal. Vencimos alrededor de las 4 de la madrugada y una paz sobrenatural sobrevino sobre nosotros. Ese día por la noche experimentamos durante la reunión la mayor manifestación del Espíritu Santo que viví en toda mi vida. Sucedió durante la invitación a recibir a Cristo. Pasaron aproximadamente treinta personas al frente para recibir a Cristo, comenzamos a hacer la «oración del pecador», y como en la casa de Cornelio (Hechos 10:44), el Espíritu Santo descendió. Las personas se cayeron al suelo, algunas en estado de éxtasis, algunas profetizando, otras hablando en lenguas. Ahora bien, todas estas eran personas que estaban ahí *por primera vez.*

Nunca promoví ni esperé que eso sucediera durante la invitación a recibir a Cristo. Tampoco había visto personas que se caían al suelo o tenían visiones. Un niño de siete años se cayó y alguien le fue a avisar a la madre y le dijo: «Los protestantes mataron a tu hijo». Llamaron a la policía. La madre llegó, tomó a su hijo en los brazos y me gritó que le devolviera a su hijo. En ese momento el niño abrió los ojos y dijo: «Mamá, vi a un hombre vestido con una túnica celeste, con espinas en la cabeza, la cara llena de sangre y me dijo…» y volvió a caer en éxtasis. Su madre me preguntó: «¿Qué quiere decir?». Como yo sabía que era católica, le dije: «Su hijo vio a Jesús, es un santo». Ella se puso a llorar. Llegó la policía. La madre dijo que el niño había visto a Jesús que le hablaba. Después de un rato, el niño volvió otra vez en sí y dijo lo mismo, solo que esta vez agregó: «Me habló, pero no me acuerdo qué me dijo». Como teníamos los altoparlantes en el techo del teatro, todo este ruido se amplificó a lo largo de toda la cuadra. Los vecinos, visitantes y la policía vinieron a ver qué estaba sucediendo. La mayoría que ingresó al lugar se cayó al piso. Yo tenía mucho miedo, nunca había visto eso, y oré a Dios que por favor permitiera que los que estaban en éxtasis volvieran en sí. Muchos hablaban de estar en lugares celestiales, viendo seres angelicales, etc. Recuerda que esto sucedió en 1959, aún no habíamos oído hablar de «caerse en el Espíritu». No sabía qué había ocurrido.

Al día siguiente, el periódico intentó explicar lo sucedido diciendo que yo tenía píldoras de gas que hice explotar en el piso y que hacían que la gente se cayera. Otros dijeron que era un hipnotizador, etc. Estas cosas continuaron durante meses en nuestros servicios y en las reuniones de oración en los hogares. Fuimos el motivo de charla del pequeño pueblo y hasta de los periódicos de la capital de la provincia de Córdoba.

Esta no era una ciudad grande, pero el poder de Dios se movió en una forma ponderosa. Decidí quedarme allí para reforzar esa iglesia. De todas las iglesias que fundé, Capilla del Monte fue la que mostró más «señales y maravillas». Varios de los nuevos convertidos tenían visiones, hubo varias sanidades físicas y muchos de los nuevos cristianos terminaron yendo al seminario y se convirtieron en ministros. La vocación para el ministerio también se aplicaba en las demás iglesias que, por gracia de Dios, él y yo creamos.

Yo todavía era soltero, no tenía novia. No conocía el discipulado, pero uno de los pilares de cada iglesia era que muchos jóvenes habían decidido asistir al seminario para servir al Señor a tiempo completo. Como yo era joven, atraía y motivaba a los jóvenes que querían ser como yo. Un verdadero avivamiento no implica solo la salvación de las personas, sino también despertar vocación para el ministerio. Actualmente, a través de los medios de comunicación, podemos tocar a muchas más personas. Pero si no formamos líderes, el resultado desaparecerá rápidamente. En la época de Jesús, aun antes de que creara una iglesia, él formó a doce líderes. Yo era bastante ignorante y todo mi equipo lo constituía la Biblia y mi guitarra, que aprendí a tocar en Formosa.

De las muchas visiones que las personas tuvieron en Capilla del Montes me gustaría mencionar una en especial. Una joven, Martha Conil, durante una reunión de oración cayó en éxtasis al suelo, y cuando regresó dijo: «Vi a Juan Carlos imponiendo manos sobre cientos de sacerdotes y monjas católicos, y estos hablaban en lenguas y profetizaban». Pensamos que eso sería imposible, ya que en esa época en Argentina no había buena relación entre católicos y protestantes, así que creíamos que esta palabra provenía de Satanás, de manera que la exorcizamos. Sin embargo, eso es exactamente lo que sucedió después de varios años en los tiempos de la renovación carismática. Años después oré con innumerables sacerdotes y monjas en diferentes monasterios de otros países y en conferencias por todo el mundo, los cuales recibieron el bautismo del Espíritu Santo, como explicaré más adelante. Ella vio el movimiento católico carismático muchos años antes de que se produjera. ¡Fue una palabra de sabiduría! Tiempo después tuve que disculparme por haber intentado exorcizarla.

Una joven llamada Alicia Cruz que estaba internada en un hospital para tuberculosos en Cosquín, provincia de Córdoba, con la enfermedad muy avanzada, vino a la cruzada y fue salva y sanada instantáneamente. Especialistas médicos de TB la revisaron varias veces y de inmediato se le dio el alta. Ella también fue al seminario bíblico junto con mi novia Martha Palau. Más tarde se convirtió en la secretaria privada del pastor Demos Shakarian, presidente de Hombres de Negocios del Evangelio Completo International en Estados Unidos y trabajó para Desafío Juvenil.

Las «señales y milagros» atrajeron a muchos pastores que vinieron a visitarme a este pueblo, a amigos y miembros de mi familia, a pastores de mi iglesia italiana y de las Asambleas de Dios. Todos venían a ver qué sucedía, porque las noticias se difundían rápidamente, en especial las manifestaciones sobrenaturales. Estas experiencias me enseñaron no solo que Dios es el mismo hoy que en la época de los apóstoles, sino que atravesábamos una escuela de capacitación en las cosas del Espíritu, que se liberaba a las personas poseídas por demonios, se liberaba a los drogadictos, se identificaba a algunos imitadores de lo genuino y se descubría a los falsos profetas. Así que aprendí mucho sobre el discernimiento y la búsqueda en las Escrituras de lo sobrenatural hasta encontrar el equilibrio.

Luego del teatro donde nos reuníamos, nos donaron una casa donde empezamos lo que llamamos «la iglesia primitiva». Finalmente, pudimos encontrar un pastor para que me reemplazara en esta iglesia: Juan y Dora Pasuelo, que eran parte de mi grupo de amigos. También eran jóvenes y fueron muy bien recibidos por la congregación. Así que pude ir a La Cumbre para dar inicio a otra iglesia, esta vez con ayuda, porque este lugar queda cerca de Capilla del Monte, a unos 60 kilómetros. Así que al principio ellos me ayudaron a fundar esta nueva iglesia. El pastor que vino después de mí construyó un templo en Capilla del Monte.

PARA REFLEXIONAR: En mi ministerio sucedieron muchas cosas que inicialmente no entendí. Pero con el correr del tiempo las comprendí y experimenté lo que el apóstol Pablo dice: «*A los que aman a Dios, todo les ayuda para bien*». Es posible que eso te pase a ti, no te desanimes que a su tiempo el Señor te ayudará a entender lo que te toca vivir y las experiencias vividas te ayudarán a crecer.

CAPÍTULO 10
Señor, ¿qué pasa conmigo?

Estaba muy cansado después de tanto trabajo y responsabilidad. Ser pastor implicaba mucha más responsabilidad que ser evangelista. Entonces decidí tomarme un tiempo para descansar, orar y refrescar mi vida. Los Rivadera, Don Luis y Doña Catalina, pertenecían a la congregación de los Hermanos Libres y se sentían atraídos por este avivamiento. Ellos tenían una bonita casa en las montañas y me invitaron, dándome un hermoso cuarto. Como era tan joven también me trataban como a un hijo. Armando, Tuchi y Cali me recibieron como a un hermano. Este lugar oculto entre montañas y rodeado de un entorno de paz era bello, con arroyos claros, pinos, piscina y árboles frutales. Era celestial. Como soy contemplativo y melancólico, resultaba el lugar perfecto para descansar.

Sin embargo, como en otras oportunidades, al estar solo comencé a extrañar la gran ciudad, mi hogar, mi familia y mis amigos. Estaba allí predicando en pequeños pueblos, mientras que todos mis amigos se encontraban en la universidad terminando sus carreras para obtener buenos empleos. Todavía no había obtenido un título universitario, salvo el del seminario bíblico. En esa época, ser pastor o evangelista no era nada fácil, pues ninguno recibía un salario. ¿Quién se casaría conmigo? ¿Cómo sería mi futuro? La depresión sobrevino a mi vida.

Al igual que los profetas en la antigüedad, yo también tenía mis altos y bajos. Mientras me ocupaba en el ministerio estaba muy contento. Sin embargo, cuando empezaba a pensar en mi futuro y en mí mismo, especialmente entre una cruzada y la siguiente, comenzaba a sentir la soledad. Primero entre los indios, ahora en las montañas de Córdoba. Tenía muchos amigos maravillosos en Buenos Aires, tanto de la escuela secundaria como del seminario bíblico. ¡Qué época adolescente y maravillosa! Éramos de la misma edad, pero ahora ellos asistían a la universidad. ¿Y yo? Ahí estaba, solo en medio de esos pueblitos, sin futuro aparente, lejos de la gran ciudad de Buenos Aires, donde las chicas se casarían con cualquiera menos conmigo. El pobre predicador con ropas desgastadas y sin novia. Pensaba que nadie querría casarse conmigo. El éxito temprano en el ministerio cortó mis estudios. Hice una especie de voto de pobreza. Ahora mi actitud era: «Señor, tengo éxito en el ministerio, ¿pero, y yo?».

UN CUMPLEAÑOS ESPECIAL

Era el 7 de julio, un día antes de mi cumpleaños número 24. Estaba muy triste y nuevamente sentí que Dios se había olvidado de mí, tal y como me había ocurrido en Formosa. Me sentía como los israelitas que se quejaban porque estaban en el desierto, entonces Dios hacía un gran milagro y alababan a Dios, pero cuando enfrentaban el siguiente desafío se olvidaban del milagro anterior y se volvían a quejar. Durante este período de descanso subía todos los días a una montaña solitaria llamada El Mogote para estar a solas y hablar con el Señor. Le decía que me sentía solo y deprimido. Parecía que Dios no me escuchaba. Así que decidí obligarlo a que me respondiera. ¿Cómo? Preparé suficientes emparedados y agua para un viaje de tres días hacia la interminable cadena montañosa detrás de nuestra casa, que era la última de ese cañón. Había oído muchas historias de personas que habían muerto por algún puma, o se habían perdido sin encontrar el camino de regreso. Me dije que cuando se terminara la comida y el agua, me iba a quedar al lado del arroyo esperando que Dios me alimentara como lo hizo con Elías. Si un puma me atacaba, haría lo que hizo David cuando una bestia amenazaba a sus ovejas. Decía para mí: «Si Dios me ama me alimentará y me ayudará. Entonces regresaré para dar inicio a mi próxima cruzada. Pero si Dios no está interesado en mi vida, ¿para qué vivir?». Esto puede sonarte extraño, pero era cierto para mí. ¿Acaso no es lo que le pasó a Elías en esa caverna después que vio un milagro increíble al ver descender fuego del cielo que quemó la ofrenda frente a los profetas de Baal? ¡Había acabado una cruzada llena de milagros y salvación, pero ahora estaba muy deprimido! No olvidé aquellos milagros, mi reacción fue: «Dios, eso está bien, pero… ¿Qué pasa conmigo?».

Preparé mi mochila con todo y me fui a la cama planeando comenzar mi travesía temprano por la mañana. Estaba intentando dormir, cuando cerca de la medianoche oí himnos como de un coro de ángeles cantando a lo lejos. Luego los escuché más claro y más cerca, hasta que la melodía llegó a mi casa y finalmente a mi dormitorio. Era el nuevo pastor de Capilla del Monte, Juan Pasuelo, que con los jóvenes de la iglesia y algunos de mis amigos cercanos de Buenos Aires habían venido de visita a celebrar mi cumpleaños y darme una sorpresa. Todos eran jóvenes y solteros. Me sacaron de la cama en mis pijamas y la fiesta comenzó a las 0 horas el 8 de julio, el día de mi cumpleaños. La fiesta duró toda la noche. Mi viaje se canceló y mi ánimo cambió.

Casi un mes después, el 5 de agosto de 1958, alrededor de las 5 de la tarde, estaba ayunando y orando solo en el lugar que con frecuencia visitaba para orar en la montaña El Mogote. De repente, oí una voz audible. La mejor manera en que podría explicarlo es diciendo que la voz entraba por mi oído y salía por mi boca; o al revés, yo profetizaba y la voz, como un parlante, entraba por mis oídos; o la oían simultáneamente mis oídos y la boca la pronunciaba al mismo tiempo. Era como un sonido envolvente. Comprendí que era Dios. La voz decía: «Juan Carlos, yo soy quien te negó las cosas que pediste para ser feliz y te quitó las cosas que te hacían feliz, porque quiero que seas feliz solo conmigo. Debes comprender que soy tu amigo y encontrar la felicidad completa solo en mí. Si tú logras esto con sinceridad, yo haré el resto». Me asustó un poco la experiencia y bajé corriendo de la montaña. Don Luis y Doña Catalina advirtieron que estaba temeroso y me preguntaron qué había pasado. Pero no contesté, y pensaron que un puma me había asustado.

Mientras analizaba las palabras que nunca olvidaré, descubrí que estaba como un asno testarudo yendo en la dirección opuesta a la que Dios quería que me dirigiera. Sentí mucha vergüenza. Todas mis quejas a Dios reclamaban precisamente las cosas que él me estaba negando por un propósito más elevado. Los días que siguieron fueron de arrepentimiento, confesión, ayuno y desilusión conmigo mismo. Incluso comencé a tratarme con dureza. Me sentí como un monje que se lacera por sus pecados. Quería morir a mí mismo. Hice todo lo que pude para intentar olvidar todas las cosas que le pedía a Dios que hiciera por mí y sobre las que me quejaba, para concentrarme solamente en Dios y en la próxima cruzada. Mi desesperación llegó cuando advertí que todas mis oraciones se basaban en la lástima propia, contrarias a lo que Dios quería hacer en mí. Había estado luchando en oración y ayuno por lo que él estaba dispuesto a quitarme. En realidad, esta experiencia dio inicio a un proceso que continúa todavía desde que mi meta en la vida es parecerme cada día más a Jesús. La única diferencia es que ahora todo eso lo considero ganancia para mí.

PARA REFLEXIONAR: ¡Las dificultades de la vida nos ayudan a formar nuestro carácter!

«Hermanos míos, considérense muy dichosos cuando tengan que enfrentarse con diversas pruebas, pues ya saben que la prueba de su fe produce constancia. Y la constancia debe llevar a feliz término la obra, para que sean perfectos e íntegros, sin que les falte nada» (Santiago 1:2-3).

CAPÍTULO 11
Martha, la mejor decisión

El periódico local escribía todos los días artículos sobre nuestras reuniones en Capilla del Monte. Muy pocas cosas sucedían en esos pueblitos y nuestro avivamiento era el motivo de conversación de la ciudad. En ese momento, Martha Palau era maestra de la Escuela Blair House, un internado inglés de Los Cocos, un pueblito muy pequeño entre Capilla del Monte y La Cumbre. Como su casa estaba a tres horas de distancia, era una maestra pupila. Todas las mañanas el director y los maestros desayunaban juntos y compartían las noticias principales del periódico local. Durante un tiempo la noticia principal pareció ser acerca de este evangelista de 23 años que reunía cada vez más gente. Cada tanto los maestros le decían a Martha: «Él es evangélico y tú también lo eres, ¿no lo conoces?». Martha dejó muy en claro que pertenecía a una denominación totalmente diferente y que ella no tenía nada que ver con los pentecostales. Sin embargo, después de oír una y otra vez acerca de ese joven evangelista, comenzó a sentir curiosidad sobre las cosas que mencionaban los periódicos. Un día leyó: «Incendio en las montañas.

El joven evangelista atrae todos los días cada vez más gente y los bautiza en el río…». Entonces decidió asistir a uno de los servicios en Capilla del Monte para verificar y ver de qué se trataba todo eso. Fue con mucha cautela. Se sentó en el último banco en caso de que los pentecostales hicieran algo extraño, así estaría preparada para irse ante la primera señal. Sin embargo, para su sorpresa, oyó a un lindo grupo de adoración cantando hermosas canciones y un sermón fantástico. Quedó bastante impactada. Durante el año lectivo asistía a una iglesia anglicana que llevaba a cabo los servicios en inglés, con la liturgia apropiada, un libro de oraciones y velas. Durante las vacaciones, su iglesia era la de los Hermanos Libres (Plymouth Brethren), así que todo se hacía «en orden». Esta cruzada era algo totalmente diferente para ella, pero la disfrutó tanto que regresó. También era una gran amiga de la familia de Don Luis y Doña Catalina Rivadera, quienes más tarde serían mis anfitriones.

Un día que estaba visitando a los Rivadera me acerqué a ella y le pregunté si tocaba algún instrumento, porque estaba por abrir una iglesia nueva en La Cumbre y necesitaba tantos músicos como pudiera conseguir. Me dijo que tocaba un poco el piano y el acordeón, así que la invité a tocar el acordeón en la cruzada de La Cumbre. Tiempo después, Martha me dijo que se sintió un poco incómoda y pensó que estaba haciendo algo malo al asistir a una reunión pentecostal sin consultarlo con su familia y los ancianos de su iglesia. Así que esa misma semana llamó a su hermano, Luis Palau, que tenía mi edad, y le contó de sus visitas a la iglesia pentecostal y que había sido invitada a tocar el acordeón en la cruzada. Su hermano, Luis Palau, le prometió que al domingo siguiente vendría a inspeccionar a este joven pastor; y así lo hizo. El siguiente domingo estaba allí, viendo si tenía una doctrina sólida y cuál era el espíritu tras este predicador. Martha obtuvo la bendición de su hermano y aceptó cooperar tocando con el equipo de adoración en la siguiente cruzada en La Cumbre.

LA CUMBRE

Después de unos meses de trabajar juntos en La Cumbre, sentí algo diferente por ella y decidí contárselo. Un día la llevé aparte después de un servicio y le dije:

—Hermana Martha, no sé si has advertido que siento por ti algo diferente de lo que siento por las demás hermanas de la iglesia…

—No, pastor, no lo he hecho —respondió.

—Bueno, me gustaría que comiences a notarlo.

—De acuerdo, pastor…

Eso fue todo. Martha decidió regresar a su casa para compartir esto con su madre y su hermano Luis.

Le aconsejaron que orara sobre ello y decidiera. Después de unas pocas semanas, la volví a invitar para obtener la respuesta y esta fue afirmativa. Sin embargo, le dije que no tenía nada para ofrecerle, salvo un corazón sincero y dos maletas, una para cada uno.

Martha no era una persona materialista. De niña se había criado en una casa llena de riqueza y a los 6 años de edad había perdido a su papá. Desde muy pequeña había aprendido que los valores de la vida son las personas y no las finanzas. Esa lección permaneció con ella por el resto de su vida. También le dije que si nos casábamos, tendría que ir a un seminario bíblico para prepararse y ser la esposa de un pastor. El siguiente mes de marzo se convirtió en alumna de la misma institución a la que había asistido yo y donde ahora enseñaba el libro de Romanos.

Como iba una vez al mes para enseñar, podía verla en esa ocasión. Así que ahora tenía una novia que me ayudaría en la adoración y una alumna en mi clase. Mientras estuvo en el seminario bíblico, Martha fue compañera de oración de Marfa Koroluk, quien más tarde se convirtió en Marfa Cabrera, y de Alicia Cruz, la joven que fue sanada de tuberculosis y salvada en Capilla del Monte. Martha les enseñó a estas dos amigas los elementos básicos del inglés, ya que ambas después de graduarse continuarían sus estudios en los Estados Unidos.

Comencé la cruzada en La Cumbre en la estación de ferrocarril. El primer día algunas personas aceptaron a Cristo y les pedí que al día siguiente trajeran cuatro cajas de madera de Coca Cola para que me sirvieran de plataforma. Al quinto día, el propietario de un negocio de electrónica llegó al Señor junto con su esposa. Eran gente del pueblo muy rica y conocida. Ellos donaron un buen sistema de sonido y mejoraron la plataforma.

Al igual que en Capilla del Monte, la cantidad de gente convertida comenzó a crecer cada vez más. Con frecuencia teníamos bautismos en un arroyo cercano o en la piscina de la familia Rivadera. La primera vez que hicimos bautismos, la mitad del pueblo estuvo presente y muchos más se añadieron al grupo. Como crecíamos en número, el sacerdote católico del pueblo se enojó mucho. Una noche se apareció durante la reunión, saltó a mi plataforma y me arrancó el micrófono de la mano. Empezó a hablar en contra de los protestantes. Al día siguiente, mientras caminaba por el pueblo, se me acercó un grupo de muchachos, me arrojaron al suelo y comenzaron a golpearme. Un amigo mío me vio y me rescató haciéndome ingresar a su auto y salvando mi vida.

Cuando llegó el invierno alquilamos un salón para continuar con las reuniones en un lugar cerrado. Martha me ayudó con la música, tocando y cantando en dueto conmigo. Cada vez que sus hermanas venían de visita, cantaban en quinteto juntas, lo cual era un agregado de lujo para mi simple iglesia. Cuando me comprometí con Martha, varias de las jóvenes de la iglesia dejaron de venir.

Luego alquilamos un edificio que era una tienda y fundamos una iglesia más tradicional, ya que teníamos un lindo grupo de gente. Impartíamos buenos estudios bíblicos, organizamos la escuela dominical, el ministerio para mujeres y otros departamentos. Estas personas se volvieron los fundadores de la iglesia.

Si bien continué siendo el pastor, esperaba a un nuevo líder. Martha estaba en el seminario bíblico en Buenos Aires, así que la mayor parte de nuestra relación era a la distancia. Sin embargo, tuvimos una relación feliz. Se hizo amiga de todos mis amigos de Buenos Aires.

En la Nochebuena de 1959 tuvimos un gran servicio de velas encendidas en la iglesia de La Cumbre. Los miembros de la congregación me amaban con todo su corazón. Sin embargo, ninguno de ellos tuvo la idea de invitarme a sus hogares para celebrar la Navidad con ellos. Después del servicio, uno a uno se fue, probablemente pensando que otra persona me había invitado. No tenía dinero para ir a visitar a Martha a Buenos Aires y a mi familia. Allí estaba yo, solo en la sala de reuniones luego de que todos se marcharan. ¡Era Navidad y estaba soltero y solo en el salón de la iglesia, casi a oscuras, de modo que me tiré al suelo a orar! Me levanté del piso y me senté llorando. De repente, sentí que alguien apoyaba su mano en mi hombro izquierdo. Fue tan real, que me di vuelta para ver quién era. No había nadie, pero seguía sintiendo esa mano sobre mi hombro. Encendí las luces para ver todo el lugar, pero estaba solo. Esa mano era la de Dios. Comencé a regocijarme y a entender lo que Dios me estaba diciendo: «No estás solo, yo estoy aquí contigo».

Al día siguiente era domingo y todos me preguntaron después del servicio dónde había pasado la Nochebuena. Les dije a todos que había estado solo con el Señor. No podían creer que no se percataran de invitarme a celebrar con ellos. Todos creyeron que me había invitado otra persona y se disculparon.

En diciembre de 1960 el misionero noruego Erling Andresen y su esposa, padres de mis mejores amigos, se hicieron cargo como pastores de La Cumbre para que yo pudiera liberarme y fundar otra iglesia. Tiempo después, uno de los ancianos de la iglesia, el señor Armando Rivadera, de la familia que había sido tan amable conmigo al alojarme en su casa durante tanto tiempo, y su esposa se convirtieron en los pastores permanentes.

PARA REFLEXIONAR: ¡Qué bueno, comprensible y perdonador es Dios! Claro, es nuestro Padre. Por muchos años mi vida tenía una gran tendencia a la depresión. Al hacerme el test de temperamento, resulta que soy melancólico y místico, me encanta la vida solitaria y la meditación. Sin embargo, a pesar de todo, a los 34 años descubrí cómo neutralizar todo eso y la depresión se acabó. Descubrí que la fuente de mi paz es Dios mismo, no las circunstancias.

CAPÍTULO 12
Mi propia familia

La iglesia en La Cumbre estaba ahora en buenas manos y yo tenía que prepararme para casarme. No contaba con ahorros y tal como le había dicho a Martha todo lo que poseía eran algunas maletas. Sin embargo, la boda traería algunos gastos. Mi hermana y su esposo, Carlos y Rosalia Naranjo, sabiendo que íbamos a casarnos sin conocernos tan bien, porque nuestra relación fue a la distancia, nos invitaron a ir a San Nicolás durante seis meses antes de la boda. Necesitábamos algo de dinero para el casamiento. Con ese fin encontré un trabajo en una gran compañía de acero «Siderurgia». Martha acababa de terminar el seminario bíblico y encontró un empleo como asistente de un contador en una empresa farmacéutica. Entre ambos conseguimos bastante dinero y tener suficientes ahorros como para empezar.

Durante esos seis meses nos hicimos muy amigos de un grupo fantástico de cristianos estadounidenses que trabajaban en la misma siderurgia que yo. Todos vivían en un vecindario de estadounidenses y asistían a una iglesia comunitaria, ya que muchos de ellos pertenecían a diferentes denominaciones. No tenían pastor oficial y nos admiraban a Martha y a mí. Varias veces me invitaron a predicar allí. Después de un tiempo, me ofrecieron ser el pastor principal con un salario enorme. Era ENORME, pero Martha y yo ya habíamos pensado en irnos y bendecir a los menos afortunados en el norte del país, donde la gente no podía darse el lujo de traer maestros, pastores o evangelistas. Sin embargo, estas damas encantadoras decidieron hacer una maravillosa despedida de soltera para Martha. No podrás creer cuánta ropa hermosa, perfumes y adornos de moda obtuvo. Por supuesto, nada de eso sería apropiado entre los indígenas, así que ella lo guardó para un tiempo posterior.

Martha trajo gozo a mi vida. No podía creer que Dios me otorgara una joven tan buena, hermosa, educada, criada en el seno de una familia cristiana devota, activa en la iglesia, que tocaba música y hablaba inglés. Cuando fui a su casa a pedir su mano, descubrí que sus cuatro hermanas y sus dos hermanos eran todos cristianos comprometidos, todos cantaban y tocaban muy bien diferentes instrumentos, como mi propia familia. Luis Palau tenía mi misma edad y estaba por ir a un seminario en Estados Unidos. Cuando mis amigos y profesores del seminario bíblico conocieron a Martha, no hicieron más que alabarla. Mi familia también se enamoró de ella y de su familia hasta el día de hoy. ¿Quién iba a pensar que, estando solo en medio de la nada, me encontraría con un miembro de una familia así? ¡La mejor! Éramos la pareja perfecta para el ministerio en el que nos involucramos hasta hoy.

El 17 de junio de 1961, a los 26 años, nos casamos en la iglesia de Hidalgo 357 de la ciudad de Buenos Aires, la congregación donde años después me desempeñaría como pastor.

Los tíos de Martha, Arnoldo y Marjorie Francken, nos hicieron una lujosa recepción de casamiento, pues Martha no tenía padre y Luis ya estaba en la Escuela Bíblica de Multnomah en Estados Unidos. Arnoldo fue el padrino, entregó a la novia y pagó el banquete de la boda.

NUEVOS DESAFÍOS, PERO AHORA ACOMPAÑADO

No tuvimos vacaciones especiales por nuestra luna de miel. Nos fuimos de inmediato en un crucero a Misiones para continuar con la obra que había iniciado cuando estaba soltero. En Misiones y Chaco trabajamos más que nada con ucranianos y rusos que vivían muy bien. Sin embargo, la mayor parte de nuestra obra fue con los más pobres de los pobres, los indios en Formosa y otros lugares carenciados en el Chaco durante todo un año.

El primer año de casados dormimos en más de cien casas diferentes. En algunas, las camas tenían insectos que vivían en los colchones y nos picaban de noche. También había huestes de enormes mosquitos, sapos y serpientes. Una luna de miel muy romántica, pero adivina qué, nunca nos sentimos mal por ello, estábamos ministrando a personas que necesitaban recibir a Cristo cuanto antes, ya que muchas de ellas morían muy jóvenes por falta de profilaxis, desnutrición y falta de medicina. Vimos a niños muy pequeños morir de hepatitis, enfermedades de la piel y otras afecciones indeseables.

Cuando ministrábamos en Misiones, conocimos a Pablo Polischuk, una persona fantástica que también trabajaba para el Señor. Él se unió a nosotros para la tarea que íbamos a comenzar. Juntos formamos un equipo evangelístico. Era un muchacho maravilloso, muy creativo e inteligente; unidos hicimos muchas cosas.

Los tres tocábamos instrumentos y cantábamos en trío. Pablo tocaba el trombón y la guitarra, y también pintaba cuando yo predicaba. Su padre era pastor y él, aunque muy joven, era un excelente y muy talentoso maestro. Por ende, el trío que formamos fue de gran ayuda para ambas partes.

En Formosa ministramos juntos a indios y blancos en las iglesias que había fundado o en las cruzadas. La Iglesia Gracia y Gloria en la ciudad de Formosa y en el interior de la provincia: Estanislao del Campo, Ibarreta, Pirané, Las Lomitas. En la provincia del Chaco: Coronel Dugratti, Villa Ángela y Villa Ocampo. En la ciudad de Corrientes donde se había producido un avivamiento en la iglesia de Sture Anderson y en el interior de la provincia: Mercedes, Curuzú Cuatiá, Esquina, Salinas y Tata Cuá. También fuimos a Montevideo, donde llevamos a cabo cruzadas muy exitosas con las iglesias de las Asambleas de Dios. Luego, Pablo Polischuch vino a Nueva York con nosotros. Ahora es el director del departamento de psicología en el seminario de Gordon Conwell en Boston y tiene su propia práctica en South Hamilton, Massachussets. Aún disfrutamos de su amistad. Viajamos mucho sin un centavo en el bolsillo, simplemente dependiendo cada día de las ofrendas de amor que nos daba la gente, que en su mayor parte era solo comida y una cama.

Dos de mis amigos se casaron con hermanas de Martha: Ruth y Margarita. Ruth se casó con Ed Silvoso, fundador y presidente hoy día de Evangelismo de Cosecha. Y Margarita se casó con Miguel Ángel Pujol, fundadores de una iglesia en Corrientes y de «La casa de mi hermano», un hogar para ayudar a los menos afortunados.

El Señor siempre proveyó con abundancia para todas nuestras necesidades. Nunca tuvimos ni tenemos lujos, porque durante nuestra vida decidimos compartir la abundancia recibida del Señor con los necesitados. Pero por la fidelidad de Dios, siempre hemos tenido la provisión para nuestras necesidades. Durante los días productivos, cuando ganábamos más dinero, siempre sentí que el Señor me guiaba a ayudar a algunos ministros, viudas o enfermos que no tenían dónde vivir y a comprarles un departamento pequeño y humilde. A veces Martha me preguntaba: «¿De qué vamos a vivir cuando nos jubilemos?». Yo siempre respondí que el Señor proveería... ¡y lo hizo de la manera más milagrosa! Cuando debí retirarme por un problema de salud, Dios me proveyó a través de personas espirituales y comprometidas con el Señor, amigos cariñosos que nos ayudaron económicamente. Nunca siquiera imaginamos de qué manera proveería el Señor, pero así lo hizo. Todo lo que somos y tenemos se lo debemos únicamente a la gracia de Dios.

PARA REFLEXIONAR: ¿La amistad de Dios es importante para ti? Él dijo: «Con amor eterno te he amado». Él quiere que te conviertas en su amigo muy íntimo y algún día te llevará con él.

«En el hogar de mi Padre hay muchas viviendas; si no fuera así, ya se lo habría dicho a ustedes. Voy a prepararles un lugar. Y si me voy y se lo preparo, vendré para llevármelos conmigo. Así ustedes estarán donde yo esté» (Juan 14:2-3).

CAPÍTULO 13

Un sueño nuevo:
«Predicar y enseñar»

Luego de viajar por las provincias de Chaco, Corrientes, Formosa y Misiones, teníamos una carga por todas las provincias en las que ya habíamos trabajado y las restantes. La mayor necesidad en todas ellas era la de hallar pastores capaces de continuar la obra en esos lugares. La mayoría de los que eran de esas zonas no podía asistir a un seminario en Buenos Aires, pues quedaba demasiado lejos y no podían costearlo económicamente. Personalmente, en todos los lugares en los que fundé o ministré en una iglesia, hice todos los esfuerzos posibles para alentar a los jóvenes a asistir al seminario bíblico diciéndoles: «Esfuérzate por presentarte a Dios aprobado, como obrero que no tiene de qué avergonzarse y que interpreta rectamente la palabra de verdad».

Muchos soñaban con ello, pero debido a los desafíos financieros no podían hacerlo. En aquellos lugares, la mayoría de los ministros eran cristianos nacidos de nuevo que iniciaron reuniones de grupos pequeños y terminaron formando iglesias.

Por su cuenta intentaron aprender la Biblia y convertirse en pastores por necesidad. También con el tiempo nos dimos cuenta de que la falta de conocimiento de las Escrituras trajo muchos problemas y divisiones. Así que nuestra carga era encontrar una manera de educar a estos líderes laicos comprometidos que actuaban como pastores sin ningún tipo de preparación formal. No es que nos considéramos doctores en las Escrituras o algo parecido, pero por lo menos resultaba necesario saber algo de teología y cómo organizar administrativa y formalmente una iglesia.

Durante nuestros largos viajes, tanto Pablo Polischuck como yo dedicábamos muchas horas a estudiar las Escrituras. Juntos desarrollamos cursos como: La vida de Abraham, Liderazgo y otros. Después de mucha oración y de preguntarle al Señor cómo podíamos convertirnos en un canal de bendición para todos estos pastores, organizamos un seminario intensivo piloto de un mes de duración. Invitamos a todos los pastores y pagamos los gastos de cada uno que se inscribía en esas tres provincias: Chaco, Corrientes y Formosa.

El misionero sueco Sture Anderson estuvo donde se produjo uno de los avivamientos. Él fue quien ofreció sus instalaciones, su enorme casa y su apoyo para lograr este emprendimiento. Junto con varios amigos: Pablo Polischuck, Sara Anderson, José González, Miguel Ángel y Margarita Pujol, mi esposa Martha y yo, enseñamos acerca de varios temas. Por ejemplo: cómo organizar una escuela dominical, cómo dirigir un coro, etc. También instruimos acerca de varios temas referentes a liderazgo, escatología, pedagogía, coro, teología y el libro de Romanos. Mi madre era la cocinera y con mucho amor organizó el banquete de graduación donde les entregamos un certificado. Fue un mes glorioso, unos treinta pastores de las tres provincias asistieron. Todos regresaron felices a sus iglesias.

PLAN IDEADO

Nuestra pasión por enseñarles a estos pastores y servirles de guía acerca de cómo organizar una iglesia era tal que junto a Pablo Polischuck y Miguel Ángel Pujol decidimos crear un lugar para hacer dos seminarios de seis meses al año, con el fin de proporcionar instrucción a los pastores en las zonas alejadas.

El plan era que Martha y yo nos mudáramos a Nueva York. Teníamos tantas invitaciones pendientes que con el dinero de las ofrendas ahorraríamos y compraríamos un terreno en Corrientes para comenzar con una granja de pollos. Miguel Ángel Pujol estaría a cargo de ella. Nuestro tío y padrino de boda, Arnoldo Francken, era asesor del gobierno de Argentina en avicultura y estaba dispuesto a ayudarnos de muchas maneras.

Una vez que la granja de pollos comenzara a producir, subsidiaríamos los seminarios para capacitar a los pastores del norte de Argentina. Estábamos muy entusiasmados con el plan y preparados para empezar. No obstante, recibí una llamada urgente de la Superintendencia de las Asambleas de Dios. Su director, el señor Pablo Sorensen de la denominación a la que yo pertenecía, solicitaba que me hiciera cargo de una iglesia en la ciudad de Mar del Plata, pues necesitaba con premura un pastor. En un sentido, nuestro sueño se postergó, pero Martha estaba bastante avanzada esperando a nuestro primer hijo, David, así que acepté por un tiempo limitado ser el pastor de esta iglesia de las Asambleas de Dios.

Mar del Plata es una hermosa ciudad ubicada en la Costa Atlántica de la provincia Buenos Aires, también llamada «La Perla del Atlántico». Allí nos encontramos con una pequeña congregación que acababa de dividirse de otra iglesia y que presentaba un gran reto por delante. Sin embargo, trabajando duro y aplicando todos los conocimientos que teníamos sobre cómo organizar iglesias, las cosas salieron bien. La gente nos quería mucho, nos proveyeron una pequeña casa muy acogedora.

Durante ese lapso, nuestros dos hijos, David y Robert John, nacieron en una de las clínicas más prestigiosas de esa época, la Clínica San Luis. El Señor siempre nos proveyó una buena vida. Su fidelidad fortaleció nuestra fe y aprendimos a vivir confiando solo en él. Siempre dimos lo mejor de nosotros para evangelizar y organizar, trabajando tan arduamente como podíamos. Siempre tuvimos una buena cosecha, de manera que nuestras vidas estaban llenas de gozo.

No obstante, siempre teníamos presente el plan ideado a fin de lograr la organización de los seminarios para los pastores más pobres del norte de nuestro país. Al cabo de dos años, dejando una iglesia mucho más organizada, le dijimos al pastor Pablo Sorensen que había llegado el momento de avanzar en nuestro sueño. Él lo comprendió. En esa época había una adorable pareja de misioneros de las Asambleas de Dios, la familia Campbell, que venían a la Argentina. El pastor Sorensen pensó que sería una iglesia ideal para que ellos se hicieran cargo. De hecho lo fue, tenían muy buenos contactos en Estados Unidos. Luego, Kathryn Kuhlman donó un hermoso edificio y la iglesia, con buenos cimientos, continuó creciendo. Ahora es un templo grande y bello.

Siempre continuamos nuestra amistad con Pablo Polischuk, y en uno de nuestros viajes para visitar a Mamá Palau en Córdoba, él vino con nosotros y conoció a una muchacha hermosa llamada Frances Alexander. Pablo y Frances se enamoraron a primera vista y después de un corto período de noviazgo tuve el honor de oficiar su ceremonia de boda.

Durante el término de un año nos dedicamos a visitar iglesias del norte y el sur de Argentina enseñando acerca del liderazgo. La mayor parte de los pastores de esa época no recibían ningún salario por parte de la iglesia. Debían trabajar duro para alimentar a sus familias y al mismo tiempo ocuparse de la congregación en su tiempo libre. Después de enseñar un fantástico curso sobre mayordomía, en algunos casos los ingresos de la iglesia se incrementaban en un 600%. Las personas no sabían qué era dar un diezmo, no comprendían nada acerca de la administración del dinero, el tiempo, los talentos, etc. Nuestra enseñanza fue una gran revelación. La mayoría de las iglesias comenzaron a crecer no solamente en número, sino también en conocimiento después de aprender las verdades de la Biblia.

REGRESO A NUEVA YORK

En febrero de 1965 volví a Nueva York para predicar en todos los lugares donde no había podido terminar mis compromisos durante la primera visita. Todos los pastores me recordaban y me habían vuelto a invitar. Muy pronto mi agenda se llenó para 18 meses. Poco después Martha, David, Robert John y Vera, que solo tenía 10 días, junto a Pablo y Frances Polischuk, volaron a Nueva York y permanecieron con nosotros. Un tiempo después, Pablo se inscribió en la Universidad Bekerley, lugar donde se graduó como doctor en psicología.

Continué mi amistad con Vicente y Delia Ortiz, el director de las Asambleas de Dios que había sido como mi padre durante mi primer viaje. Su iglesia nos ayudó económicamente. A través de sus conexiones se nos proveyó una hermosa y flamante casa totalmente equipada con todo lo que una familia necesitaba en Parkchester, un barrio del norte de Nueva York. Martha estaba encantada con todas las comodidades que nos suministraron para que pudiera hacerse cargo de los tres niños.

Predicaba casi todas las noches, enseñaba los nuevos cursos que había preparado y compartía las experiencias adquiridas al haber logrado fundar iglesias en varios lugares de Argentina. También compartía el propósito de mi viaje a Estados Unidos y la visión de comenzar los seminarios para pastores en el norte de Argentina. La mayoría de las ofrendas eran generosas, aunque Martha y yo decidimos vivir austeramente para ahorrar cada centavo. De esa manera podíamos iniciar el proyecto de la granja de pollos.

Miguel Ángel Pujol compró el terreno y construyó los gallineros. Cuando todo estuvo terminado y llegaron las gallinas, una gran inundación cubrió la zona como nunca antes había ocurrido. La granja quedó bajo el agua en un caos total. Luego de más de un año de enviar dinero con la esperanza de ver nuestro sueño hecho realidad, lo que ocurrió nos desalentó mucho. Evidentemente, el Señor nos estaba diciendo: TODAVÍA NO. Incluso hoy en día sigo teniendo el mismo sueño de organizar seminarios para que los pastores de las iglesias pequeñas en Argentina reciban enseñanza.

Al mismo tiempo, mientras estábamos en Nueva York, recibimos una invitación de las Asambleas de Dios de Argentina para ser pastores de una gran iglesia en el corazón de Buenos Aires, el centro evangelístico de la calle Hidalgo 357, fundado después de la cruzada de Tommy Hicks por nuestro amigo Lowie Stokes. Inmediatamente le contamos esto a nuestros consejeros y amigos Vicente y Delia Ortiz, y a otros ministros, quienes se comprometieron a ayunar y orar a fin de hallar la voluntad de Dios al respecto para nuestras vidas.

Dedicamos toda una semana a ayunar y orar, y decidimos aceptar la invitación. Proverbios dice: «En la multitud de consejeros está la victoria». El consejo de nuestros mentores nos ayudó a tomar la decisión correcta. Aceptamos el desafío y nos olvidamos de la granja de pollos que estaba bajo el agua.

Unas semanas más tarde volamos hacia Argentina para ser los pastores del Tabernáculo de la Fe, ubicada en el centro geográfico de la ciudad de Buenos Aires. Ese día ni siquiera imaginábamos el giro que tendría nuestro ministerio a partir de esa decisión.

PARA REFLEXIONAR: ¿Alguna vez has experimentado la guía del Espíritu Santo?

«¡Este Dios es nuestro Dios eterno! ¡Él nos guiará para siempre!» (Salmo 48:14).

En la Catedral de Ginebra prediqué y también casé a una pareja suiza muy querida. En el año 1997.

Para mí que comencé mi ministerio en las selvas, fue un privilegio predicar en la famosa Park Street Church, una sofisticada iglesia en la ciudad de Boston, Massachusetts.

Desde joven creí que la iglesia es una. En esta foto sirviendo la comunión en una Iglesia Episcopal en Río de Janeiro, Brasil. (1968)

En esta foto estamos en la oficina del arzobispo católico de Montevideo, Uruguay. A mi derecha, el arzobispo, a mi izquierda el sacerdote Julio Elizaga, en su parroquia sucedió el gran avivamiento de renovación años atrás. A su izquierda un pastor evangélico de la ciudad. (2006)

¡El gran día de nuestra boda por fin llegó! Martha trajo mucha alegría a mi vida. (1961)

Martha lucía esplendorosa en su traje de novia confeccionado por nuestra cuñada, Aída Ortiz.

Un día muy feliz,
el Señor nos unió
para servile juntos,
Martha Palau y
Juan Carlos Ortiz.
(1961)

¡Qué emoción,
llegó mi primer hijo,
David Pablo!
(1962)

Ahora somos 6 en la
familia (de izquierda
a derecha: Georgina,
David, Vera y Robert
John). ¡Oh día feliz!
(1984)

Nuestro hijo Robert John que está con el Señor. (1981)

Nuestra hermosa casa quinta en La Reja, un verdadero regalo del Señor que trajo alegría a la familia en momentos donde nuestro trabajo era arduo. (Esta foto se tomó en 2008)

La primera boda en la familia, de izquierda a derecha: Georgina, David, Martha, yo, Vera, la novia y Robert John.

Martha y yo en la celebración del cumpleaños 70 del Dr. Schuller. (1996)

24

CAPÍTULO 14
Tabernáculo de la Fe, Hidalgo 357

Hidalgo 357 era la dirección de la iglesia que pastorearíamos en Buenos Aires. Los misioneros estadounidenses, Lowie y Lillian Stokes, fueron los fundadores de esta congregación. Lowie había sido nuestro profesor de teología en el seminario bíblico y el presidente de la gran cruzada con Tommy Hicks. La iglesia que fundó fue el resultado de esa cruzada. Además de esta iglesia central abrió muchas otras iglesias satélites. El cimiento fue tan firme que aún hoy son ministerios muy importantes. La Asamblea de Dios creció más que cualquier otra denominación, y todavía hoy continúa creciendo.

La política del Departamento de Misiones de las Asambleas de Dios era que el misionero que fundara una iglesia debía ponerla en manos de un ministro originario de esa nación al cabo de cinco años de su fundación. En 1966, mientras vivíamos en Nueva York, el reverendo y la señora Stokes nos llamaron para entregarnos su iglesia. Yo era amigo de los Stokes, él me había dado sabios consejos que me ayudaron a ser exitoso en la transición. También ayudó el hecho de que los miembros de esa iglesia fueran fruto de la cruzada de Tommy Hicks, pues ellos sabían que yo había sido su secretario.

¡Tenía 32 años, mucho entusiasmo y planes para evangelizar y hacer crecer esa iglesia! Stokes era un pastor muy experimentado y nosotros muy jóvenes, pero el Señor nos había dado sabiduría. Organizamos una fantástica fiesta de despedida para los misioneros Stokes, con regalos y tarjetas. Honramos de todas las maneras posibles la obra que ellos habían hecho. A Lowie Stokes lo invitamos a que continuara siendo maestro de la clase de hombres, cosa que amaba. Y a la señora Stokes también le pedimos que continuara al frente de la clase de mujeres. En la iglesia todos estaban encantados de no perder por completo a los Stokes. Sin embargo, luego de un breve período, regresaron a los Estados Unidos.

La congregación compró un departamento para nosotros, cerca de la iglesia, y nos proveyó un salario. Por primera vez desde que nos habíamos casado teníamos una vida más estable. Martha aceptó un trabajo como maestra de escuela en un colegio privado frente a la iglesia, se llamaba «Rayito de Sol». Nuestros hijos ya asistían allí, al nivel preescolar y al jardín de infantes. Así que ella iba todos los días a la escuela con los tres niños desde la mañana hasta las 3:30 de la tarde.

UN MILAGRO PARA DAVID

En 1968 nuestro hijo más grande, David, me preguntó si podíamos enviarlo al Colegio Ward, una entidad muy prestigiosa a la que asistían los hijos de altos ejecutivos y familias adineradas. David había aprendido a leer y escribir a los cinco años y disfrutaba de la lectura, especialmente de la Biblia y libros sobre animales, sus hábitats y sus luchas para sobrevivir. Mi salario era muy modesto, Martha también ganaba poco como maestra. Nuestra casa siempre estaba llena de invitados a comer y dormir. Por lo tanto, el Colegio Ward estaba totalmente fuera de cuestión. Ese día le dije a mi hijo que no podíamos afrontar el costo de esa escuela.

Como nuestros hijos se criaron en una atmósfera de fe. David creía firmemente en el poder de Dios y estaba fascinado con los milagros de la Biblia. Un día me preguntó:

—Papá, ¿por qué actualmente no vemos milagros como el cruce del Mar Rojo?

—Bueno, el cruce del Mar Rojo podría ser hoy una prueba que el Señor nos ayuda a superar y otras cosas —le dije.

No quedó muy convencido y respondió:

—No, papá. Eso no es lo que dice la Biblia... Esa era agua real y los israelitas cruzaron en seco un mar real. ¿No podemos hacer lo mismo?

Mi respuesta parecía decirle: «Dios hizo grandes milagros, como cruzar el Mar Rojo en seco en la antigüedad, pero ahora hace cosas más sencillas, como ayudarnos en nuestras pruebas de la vida». Así que decidí observar más las cosas cotidianas que fueran verdaderos milagros y contarle a mis hijos historias actuales y reales de milagros.

Después de unos días, David acudió a Martha nuevamente diciéndole que quería ir al Colegio Ward. Ella le respondió: «David, papá ya te dijo que no podemos pagar esa escuela, ¿por qué no oramos y le pedimos al Señor que se haga su voluntad?». Entonces Martha y David se tomaron de las manos y oraron juntos, pidiéndole al Señor que si esa era su voluntad, nos proveyera del dinero.

A la semana siguiente hubo una Conferencia del Movimiento de Renovación y Martha fue conmigo. Esa noche yo era el predicador y Martha decidió sentarse en una de las últimas filas del salón. Al poco tiempo de sentarse, un querido amigo nuestro, Daniel Somoza, director ejecutivo de una importante empresa, se sentó a su lado. Además de amigos de la familia, Martha era la maestra de la escuela a la que concurrían sus hijos.

Una vez terminado el servicio, el señor Somoza le preguntó a Martha:

—¿Alguna vez pensaste en enviar a tus hijos al Colegio Ward?

—Sí, pero está fuera de nuestro alcance —respondió Martha.

Daniel continuó:

—¿Quieres enviarlos allí?

—Para ser sincera, la semana pasada nuestro hijo David nos preguntó si podíamos mandarlo al Colegio Ward. Le dijimos que oraríamos por ello y que lo dejaríamos en manos del Señor. Si era su voluntad, él abriría las puertas —relató Martha.

Daniel tomó las manos de Martha y le dijo: «Bien, el Señor dijo que sí. Yo estoy por donar becas para el Colegio Ward. Así que dime a cuántos de tus hijos quieres enviar».

¡Vaya! ¡El Señor había respondido con un SÍ! No podíamos esperar a llegar a casa para contarle a David que la voluntad del Señor era que todos ellos fueran al Colegio Ward. David nos dijo: «Te lo dije, el Señor sigue haciendo milagros…».

Martha y yo no teníamos palabras para expresarle nuestra gratitud a nuestro querido amigo Daniel Somoza, quien ahora está con el Señor. David, Robert John y Vera asistieron al Colegio Ward hasta que nos mudamos a Estados Unidos en 1977. Los tres aprendieron muy buen inglés allí, lo que ayudó a su adaptación a las escuelas estadounidenses. El Colegio Ward había hecho un buen trabajo educando a nuestros hijos con excelencia. También integraron la banda del colegio y su orquesta. Años más tarde, el cambio a Estados Unidos demostró ser fácil para ellos.

LISTOS PARA EVANGELIZAR

El deseo de evangelizar me llevó a tener un programa de radio llamado «La voz de la fe». Predicaba mensajes evangelísticos e invitaba a las personas a acercarse a la iglesia. Martha respondía las cartas que nos escribían los oyentes. Al principio estaba solo yo como ministro principal de la iglesia y teníamos una secretaria que nos ayudaba.

Comenzamos a organizar cruzadas evangelísticas. El reverendo Milton Pope fue el primer evangelista invitado. A esta cruzada la llamamos «Evangelismo puerta a puerta», pues eso era exactamente lo que hacíamos. Utilizando un viejo mimeógrafo hacíamos los volantes e invitábamos a los vecinos. Con los amigos que prestaban su ayuda, íbamos puerta a puerta por el barrio invitando a las personas a acercarse a las reuniones. Muchos se acercaron y fueron salvos. Yo había preparado buenos cursos para el seguimiento de los nuevos convertidos. Más tarde invité a Cruzada Estudiantil para enseñarle a toda la iglesia a evangelizar a través de las Cuatro Leyes Espirituales. Luego, Juventud con una Misión nos ayudó a movilizar a nuestra iglesia hacia el evangelismo.

Mi deseo era que todos los que se acercaran a nuestra iglesia no se fueran sin haber aceptado a Cristo en su corazón. No obstante, si uno se dedica todos los domingos a evangelizar, los creyentes no crecen espiritualmente. Así que trazamos un plan para cumplir con ambas necesidades al mismo tiempo.

Cada semana, varios grupos de jóvenes hacían reuniones al aire libre en parques cercanos a nuestra iglesia. Se les proveía de un sistema de sonido portátil y fielmente, semana tras semana, los grupos iban a áreas libres diferentes próximas a la iglesia. Allí cantaban, predicaban e invitaban a las personas a ir a la iglesia, como lo hacíamos Martha y yo cuando estudiábamos en el seminario bíblico.

Como cada domingo teníamos muchos visitantes, todos, los creyentes y los visitantes, orábamos y cantábamos juntos, pero antes del mensaje invitábamos a los que venían por primera vez a pasar a una sala donde les regalaríamos un Nuevo Testamento y Martha les daría una clase especial de evangelismo y salvación. Después los invitábamos al Curso 101 que se dictaba los días miércoles de cada semana. Lo mismo hacíamos con los niños, que iban a sus clases preparadas especialmente para que aprendieran la Palabra de Dios. Mientras Martha los evangelizaba, yo predicaba un mensaje al resto de la iglesia acerca del crecimiento espiritual.

LOS COMPAÑEROS DE MINISTERIO

Muy pronto, al crecer en número, sumamos gente maravillosa al personal que formaba parte de los empleados de la iglesia.

Mauricio Wajs, un maravilloso judío que nació de nuevo y con el tiempo se convirtió en mi secretario, manejaba el presupuesto de una manera muy conservadora y siempre buscaba buenos precios para todo. Era seguro que encontraba las mejores ofertas, además de ser un perfeccionista y trabajar hasta muy tarde. Nunca miraba el reloj. En sus manos el dinero producía mucho más. Bajo esa administración austera y cuidadosa, la iglesia tuvo la oportunidad de sostener misioneros respaldados económicamente por nuestra congregación. Luego, él se casó con Margarita Guala, su pareja perfecta. Ambos se convirtieron en nuestros amados discípulos. Ahora él se encuentra en la presencia del Señor, pero cada vez que viajo a Buenos Aires visito a Margarita y a sus hijos, Christian y Verónica. Amamos a Mauricio y lo recordaremos siempre.

Jorge Balfour, hermano de Martha, fue el organista voluntario de la iglesia. Para ganarse la vida trabajaba como profesor de inglés en escuelas privadas. Estaba presente en todas las reuniones e hizo un trabajo fantástico para el Señor.

Mario Soria, a quien primero se le contrató para tareas de intendencia y mantenimiento del edificio de la iglesia, pero que como discípulo también se convirtió en ministro y consejero. Su esposa murió siendo muy joven. Quedó con tres niños muy amorosos, bien educados y que hoy día sirven al Señor. Su hija Ruthie se graduó de médica. Tanto Mario como sus hijos dedican sus vidas a evangelizar a «los niños de la calle», un gran reto en la Argentina de hoy.

Julia Nardin era una amada muchacha boliviana que mantenía la iglesia impecable. Trabajaba todo el día, de la mañana a la noche, limpiando cada rincón de las instalaciones. También se ocupaba de cada persona necesitada que aparecía en la iglesia durante el día.

La iglesia comenzó a crecer en número. Hacia 1969 ya éramos unas 700 personas, amorosas y dedicadas, pero no estábamos satisfechos con las cifras. Entonces, intentamos cosas diferentes para hacerla crecer numéricamente. Un día comenzamos a experimentar una renovación espiritual. Sin embargo, primero quiero contarte dos milagros que me sucedieron.

MILAGROS EXTRAORDINARIOS

Una noche me desperté alrededor de las cuatro de la madrugada y no pude volver a dormir. Tenía tantas cosas por hacer que decidí no perder el tiempo y me levanté. Fui caminando a la oficina de la iglesia para trabajar, ya que quedaba solo a unas cuadras de mi casa.

Mientras me acercaba a la iglesia, vi a un hombre caminando hacia la misma dirección, pero en la vereda de enfrente. Éramos los únicos a esa hora de la noche, y por esa razón me asusté un poco, así que caminé más despacio para ver hacia dónde se dirigía.

Llegó a la iglesia y comenzó a golpear la puerta del frente. Crucé la calle, me acerqué a él y le pregunté a quién buscaba. Me respondió que al pastor. Le dije que era yo. Abrí la puerta y lo invité a entrar. Luego que se sentara, comencé a hacerle algunas preguntas. Advertí que tenía rasguños en la cara. Me explicó que venía de un funeral y que estaba desesperado. Su novia se había hecho un aborto y había muerto. Él le había prometido en el ataúd que se iba a arrojar debajo de un tren. Pero en el camino, cuando se acercaba a la iglesia, decidió golpear la puerta. Le pregunté cómo había pensado que a las cuatro de la madrugada el pastor se encontraría allí. Respondió que si no encontraba a nadie, se hubiera matado. Le hablé del amor y el perdón de Dios y lo guié para recibir a Cristo. Este joven que tendría unos 24 años vivía a la vuelta de la iglesia. Después de esta experiencia, él y su familia se acercaron al Señor y fueron miembros de nuestra congregación.

Es un milagro que me despertara a la misma hora que aquel joven necesitaba ayuda y lo encontrara en la puerta de la iglesia, ¡todo esto en una ciudad con doce millones de personas!

Otra noche volví a despertarme en medio de una pesadilla. Acabábamos de comprar un órgano Yamaha para nuestra iglesia. Ese era un sueño hecho realidad. En esa época en Argentina, no todos podían comprar un órgano tan bello. ¡Nos encantaba a todos! Nos llevó bastante tiempo sacarlo de la aduana y el día que llegó hicimos una gran celebración.

En la pesadilla, la iglesia se incendiaba al igual que el órgano. Me vestí rápidamente y corrí hasta la iglesia, abrí la puerta, revisé en todos lados y no había ningún incendio. Sin embargo, al salir decidí que debía apagar el interruptor general de electricidad del edificio y volver a casa a dormir.

A la mañana siguiente fui a la oficina como de costumbre, llegué junto con Mauricio y encendí el interruptor eléctrico. Cuando lo hice, hubo como una explosión y todos los cables se incendiaron instantáneamente. ¡Al apagar el interruptor había salvado al edificio de un incendio! Cuando vino el electricista a arreglar el problema descubrió que los cables se quemaron solo cinco metros dentro del edificio. Allí comprendí que mi sueño no fue una pesadilla, sino un llamado del propio Señor a despertarme. Se había salvado el hermoso órgano y el edificio.

Puesto que en esa época había una inflación galopante en Argentina, las personas padecían financieramente, así que decidimos abrir una cooperativa para los miembros de la iglesia, de manera que cada familia se beneficiaría al ahorrar dinero para las cosas más necesarias, una especie de supermercado. Mauricio Wajs estaba a cargo de su administración y demostró ser de gran ayuda para los necesitados.

PARA REFLEXIONAR: Es un sentimiento muy bueno saber que uno está viviendo en el centro de la voluntad de Dios. Así fue como nos sentíamos cuando éramos pastores de la congregación en Hidalgo 357, en Buenos Aires.

¿Crees que estás viviendo en el centro de la voluntad de Dios? Si no lo estás, te pediría que te detuvieras y le pidieras a Dios que te muestre su voluntad para tu vida.

«Por mi parte, mi familia y yo serviremos al Señor» (Josué 24:15).

CAPÍTULO 15
La renovación espiritual

En 1969 algo único sucedió en Buenos Aires. Uno de los bien conocidos ancianos de la denominación de los Hermanos Libres, fundador de dos congregaciones, notable predicador del evangelio y ejecutivo de alto rango de Coca Cola, Alberto Darling, experimentó un importante mover de Dios en su vida.

Mientras estaba en su oficina el Espíritu Santo se manifestó de manera muy poderosa y tuvo una experiencia carismática inolvidable. Después de unos días, su cuñado, Augusto Ericson, de la misma denominación, ministro, disertante radial de *Meditaciones Cristianas*, gran organista y un verdadero hombre de Dios, tuvo una experiencia similar. Juntos dieron comienzo a una reunión de oración en la casa de los Darling, que muy pronto pasó de ser un puñado de ancianos de los Hermanos Libres a formar parte del gran Movimiento Argentino de Renovación que luego influyó en todo el mundo. En ese momento tendrían alrededor de 40 personas y habían tenido tantas experiencias inusuales que decidieron ponerse en contacto con un pentecostal, ya que creían que teníamos más experiencia en esa dimensión.

Fui invitado a responder algunas de sus preguntas sobre la doctrina del Espíritu Santo, como por ejemplo acerca de hablar en otras lenguas, profetizar, tener visiones, revelaciones, etc.

Cuando me uní al grupo, me di cuenta de que tenía mucho más que aprender de ellos que enseñarles. Todos tenían profundos conocimientos bíblicos y su experiencia era tan genuina que temía incluso contaminarlos con mi pentecostalismo. Sí, habíamos enfatizado los dones del Espíritu durante mucho tiempo, pero ellos por sobre todo experimentaban el fruto del Espíritu. El amor era palpable. Nos volvimos amigos íntimos. Temí que aprendieran nuestras fallas. Discerní que tenían algo nuevo y no quería interponerme en su camino.

El grupo creció en esa casa hasta llegar a ser más de cien personas. El mover del Espíritu era tan evidente que los pastores de la mayoría de las denominaciones venían a vernos y muchos se nos unían. Sacerdotes católicos, menonitas, anglicanos, fundamentalistas y liberales, hombres, mujeres, jóvenes y niños, todos llenos del Espíritu Santo. Este movimiento del Espíritu tocó a todas las denominaciones. Terminamos relacionándonos con la familia de Alberto Darling, porque su hijo se casó con nuestra hija.

Las reuniones en la casa de los Darling eran muy movidas. Muchas veces las personas recibían la euforia del Espíritu Santo y comenzaban a elevar sus manos y a gritar: ¡Alabado sea el Señor! ¡Aleluya! Cantaban improvisaciones a todo volumen. No obstante, también compartían el evangelio con los visitantes que, por lo general, eran amigos de los que asistían.

Danny Darling era un adolescente que, inspirado por las enseñanzas, invitó a toda su clase de la escuela secundaria a asistir a las reuniones en su casa. La adoración era a un volumen alto y había manos levantadas, algo desconocido para la mayoría o alguno de sus compañeros de clase. Los chicos se portaron bien en la reunión, pero a la mañana siguiente cuando Danny llegó a la clase, todos los alumnos ya estaban allí y lo recibieron alzando las manos y gritando: ¡¡¡Alelu… Alelu…. Aleluya!!!, a modo de una broma para Danny.

Los Darling eran personas muy queridas y respetadas en el

vecindario, nadie se quejó de los ruidos ni del tráfico que este movimiento producía en su casa. Sin embargo, llegó el momento, debido al creciente número de personas, en que debían comenzar a reunirse en un lugar más grande. No imaginábamos que con el tiempo este movimiento influiría al mundo entero.

UNA EXPERIENCIA AMPLIA

Como pentecostal, estaba acostumbrado a los gritos, el ruido y las cosas impredecibles, pero todo estaba bastante tabulado e institucionalizado. Ya teníamos decidido qué permitir y qué no. Sin embargo, no quise traspasarle esto al grupo nuevo. Discerní que esta no era solo una experiencia carismática, sino algo diferente, más grande y nuevo.

Nuestra congregación de las Asambleas de Dios en Hidalgo 357 empezó a navegar por aguas renovadas desde que nos asociamos con este grupo interdenominacional. Al unirme a pastores de tradiciones diferentes, mi teología se volvía cada vez más profunda y amplia. Me volví un aprendiz. Necesitaba la frescura de esta renovación. Lo que habíamos comenzado a experimentar no eran meramente experiencias pentecostales, sino una total renovación espiritual para la iglesia, su teología, el sistema de gobierno, el sistema de enseñanza, una forma diferente de adoración, relaciones con otras denominaciones, etc.

Empezamos a leer el Nuevo Testamento una vez más desde una perspectiva nueva y recibimos una gran luz en la vida del Espíritu, la promesa del Padre, el nuevo pacto, el señorío de Cristo, el discipulado y otras cosas. Contábamos con el punto de vista de los Hermanos Libres, además del de los católicos, los anglicanos, los menonitas y otros.

Encontramos un gran salón con una buena ubicación en el centro de Buenos Aires, en la calle Catamarca, y luego, ya que seguimos creciendo, nos mudamos a un gran teatro.

Con el tiempo, El Movimiento, como se denominaba, continuó difundiéndose por el país. Llegó a Brasil, Uruguay, Chile, Paraguay, Perú, Ecuador y otros sitios. ¡Luego del Congreso sobre

Evangelismo en Lausana, Suiza, en 1974, se extendió a todo el mundo!

En esos días, Visión Mundial estaba preparando un encuentro de pastores de Argentina, Chile y Uruguay en la ciudad de Río Tercero, Provincia de Córdoba, Argentina. Querían que uno de los disertantes fuera un pastor argentino. El consejo de las iglesias de mi país decidió que yo debía ser esa persona.

Esto fue al inicio de esa renovación, cuando muchas denominaciones aún no comprendían su significado. Veían a muchos de sus pastores uniéndose a ese Movimiento y no sabían qué hacer. Algunos fueron expulsados de sus denominaciones por temor a contagiarse. Así que cuando oyeron que uno de los pastores que pertenecía al grupo de renovación sería el disertante, muchas denominaciones escribieron cartas demostrando su preocupación y advirtiendo que esto traería controversias.

Visión Mundial le pidió al comité local que revisara su decisión, y así se hizo. Sin embargo, se decidió nuevamente que yo fuera el disertante local. No supe de estas tensiones hasta después de la conferencia. Visión Mundial pagó todos los gastos, hoteles, comidas y boletos. El lugar era hermoso y la conferencia tuvo una gran asistencia de pastores de Sudamérica.

Por supuesto, hablé sobre los elementos de la renovación espiritual. Muchos de los que estaban en contra comprendieron y esto ayudó a ablandar su posición.

PARA REFLEXIONAR: La devoción y la renovación fueron unas de las muchas cosas enfatizadas en este grupo. ¿Persigues la devoción y la renovación en tu vida? Te invito a meditar sobre los siguientes versículos:

«No se amolden al mundo actual, sino sean transformados mediante la renovación de su mente. Así podrán comprobar cuál es la voluntad de Dios, buena, agradable y perfecta» (Romanos 12:2).

«[Deben] ser renovados en la actitud de su mente; y ponerse el ropaje de la nueva naturaleza, creada a imagen de Dios, en verdadera justicia y santidad» (Efesios 4:23-24).

CAPÍTULO 16
La renovación llega a los católicos

Luego de mi presencia en el retiro de los pastores de Visión Mundial en Córdoba, Argentina, la delegación de Uruguay mostró interés en el Movimiento de Renovación y me invitaron a presentarme ante los líderes de todas las denominaciones en su país, a fin de aclarar su confusión.

Concurrieron alrededor de cuarenta denominaciones. La mayoría de los seminarios bíblicos también estaban representados. La reunión se llevó a cabo en una iglesia luterana. Había grandes expectativas. El Movimiento en Argentina estaba en boca de todos. Expliqué en detalle las características del mismo y respondí a sus preguntas.

Luego de la reunión, el reverendo Julio Elizaga, sacerdote católico, se me acercó y me dijo: «¿Puede imponerme las manos y orar por mí?». Fuimos a la oficina del pastor, el director de las Asambleas de Dios en Uruguay, y algunas otras personas vinieron con nosotros. Este sacerdote explotó hablando en lenguas, con canciones espirituales, bailes y profecías. Más tarde me dijo:

«¡Quiero que esto suceda en mi parroquia! Quienes van a misa son solo unos pocos, aunque la mayoría de la gente profesa ser católica. La mayor parte vienen a las grandes fiestas, como el día del patrono de la ciudad, cuando hay comida y bebida, bailes y hasta violencia después que se emborrachan. Tengo una nueva idea: ¿Vendría a la próxima fiesta del santo patrono y predicaría el evangelio a mi gente y luego de la fiesta impondría las manos a un grupo selecto de mis creyentes comprometidos?». Acepté. Fue un trato.

Fuimos con el pastor Jorge Himitian, un querido amigo considerado uno de los principales líderes del Movimiento de Buenos Aires. La celebración se realizaba en un parque, creo que había miles de personas allí. El sacerdote le había pedido permiso al Arzobispo para que yo predicara, quien aceptó con la condición de que fuera presentado como predicador laico, porque mi ordenación no era católica.

Luego de mi sermón sobre el señorío de Cristo hice un llamado a entregar sus vidas a su señorío y cada uno de ellos, que eran miles, levantó la mano. Los conduje en lo que nosotros los evangélicos llamamos «la oración del pecador». El sacerdote no quedó satisfecho con eso. Tomó el micrófono y dijo: «¿Entendieron lo que dijo el predicador? Habló de arrepentimiento y de nacer de nuevo. Si realmente quieren arrepentirse y comenzar una nueva vida como discípulos de Cristo, ¡arrodíllense!». Todos se arrodillaron. Continuó: «Sigo pensando que no entienden, se llaman a sí mismos católicos, he bautizado y casado a la mayor parte de ustedes, pero nunca vienen a misa, son fornicarios, adúlteros, tramposos, cometen muchos otros pecados y nunca se confiesan. Si realmente están decididos a comenzar una vida nueva, contamos con muchos sacerdotes en la plataforma ahora, cada uno de ellos bajará y todos los que quieran empezar una vida nueva, pasen, hagan una fila delante de cada sacerdote y confiesen sus pecados». Yo miré alrededor y vi diez filas largas. Estaba cerca del padre Elizaga y la mayoría venía llorando confesando sus pecados. Como protestante, fue la primera vez que vi algo así.

Luego de esa experiencia tan fuerte emocionalmente, fuimos al santuario de la iglesia con los miembros más comprometidos de la parroquia. El sacerdote me dijo: «Haga lo que hizo conmigo, pero por favor, sin explicaciones, sin palabras y sin información sobre esta experiencia. Solo cantaremos una canción, y sin ninguna introducción, impóngales las manos». Hice exactamente lo que me dijo, impuse mis manos y solo pronuncié: «Sé lleno del Espíritu Santo». Había unas 50 personas en el lugar.

Cuando terminé volví al fondo para ver y esperar. En un lapso muy breve, un joven que estaba en la primera fila comenzó a gritar: «Dios, soy tu siervo, tómame. Soy tuyo», y al mismo tiempo se deslizaba de la silla hasta que se puso a temblar en el piso. Comenzó a murmurar y a hablar en lenguas, luego uno, otro, y otro, y otro, hasta que muchos lloraban, cantaban, gritaban, reían y alababan a Dios. Entre ellos había uno que comenzó a actuar de manera extraña y advertí que estaba poseído por el demonio, así que oramos por él hasta que quedó libre.

El sacerdote estaba continuamente a mi lado con los ojos bien abiertos. Era una experiencia tan poco usual que al día siguiente vinieron cientos a la misa, al punto que no había lugar para ellos en el santuario. Experimentamos lo mismo que el día anterior, con la diferencia de que ese día eran miles.

El tercer día por la mañana el padre Elizaga me dijo: «No puedo continuar permitiendo esto en mi iglesia sin informar al arzobispo». Así que en mi presencia lo llamó por teléfono, contándole casi textualmente lo siguiente: «Las personas se caen, hablan en otras lenguas, los jóvenes que yo conozco como grandes pecadores vienen a orar durante el día, confiesan sus pecados, y algunos dicen que quieren ser sacerdotes, también se expulsa a los demonios. Nunca vi algo igual, por favor, venga y véalo con sus propios ojos. Si me dice que me detenga, me detendré».

Al día siguiente el arzobispo vino a la misa y trajo al director de su seminario, el doctor Requena, y a uno de los profesores; ambos eran teólogos. El arzobispo dijo: «Yo no soy teólogo, por eso traigo a dos teólogos conmigo, no me siento capaz de juzgar qué está sucediendo».

Mientras estábamos en la sacristía preparándonos para la misa, la multitud comenzó a llegar. Los ómnibus de línea debieron agregar más unidades desde diferentes partes de la ciudad hasta la iglesia. Incluso el santuario estaba colmado alrededor del altar y afuera de la iglesia, por lo que la gente escuchaba por los altavoces. Mientras aún estábamos en la sacristía, vino un muchacho y le pidió permiso al sacerdote para orar antes de la misa. Luego vino otro y otro más. El sacerdote le dijo al arzobispo: «Como ve, estos jóvenes nunca oraron, yo los conozco, son fornicarios, adictos, pero desde que tuvieron esta experiencia, incluso componen himnos nuevos». En unos minutos la sala de oración se volvió muy ruidosa.

El padre Elizaga invitó al arzobispo y a los teólogos a la sala donde los jóvenes estaban orando. Allí encontramos a los jóvenes clamando: «¡Quiero ser tu siervo, Señor!». Algunos hablaban en otras lenguas, otros rodaban por el suelo, y muchos se abrazaban y cantaban en el Espíritu. El arzobispo le dijo al doctor Requena, el teólogo: «¿Qué piensa de esto?». Observó unos minutos, miró cuidadosamente a cada persona, escuchó todo lo que decían en sus alabanzas improvisadas y luego de un rato dijo las siguientes palabras textuales: «La teología católica no tiene nada en contra de estas experiencias. Evidentemente esto es lo que sucedió el día de Pentecostés». El arzobispo se dirigió al sacerdote y le dijo: «Tiene luz verde».

Tomaría mucho tiempo narrar todo lo que ocurrió durante esos días. Líderes de muchas denominaciones vinieron a ver el avivamiento que estaba aconteciendo entre los católicos. Desde ese tiempo, me invitaron a disertar acerca de esta renovación de la iglesia en diferentes seminarios; y según recuerdo, también católicos, de las Asambleas de Dios, de los menonitas, y algunos otros más. Esta parroquia católica se convirtió en el centro y el inicio de un gran avivamiento que se esparció por todo Montevideo, Uruguay, e incluyó a varias denominaciones.

Luego de aquel glorioso tiempo los visité muchas veces. También invité al padre Elizaga a predicar en nuestra iglesia en Buenos Aires. Esto era muy poco habitual y mi denominación comenzó a sentirse incómoda. En el año 2007 fue la última vez que visité Montevideo, cuando me invitaron a una conferencia junto a todos los sacerdotes de las Diócesis y a los pastores protestantes. Allí me brindaron una recepción especial de la Arquidiócesis de ese momento y me pidieron que predicara sobre Juan 17:21: «La iglesia es una sola».

EL MONASTERIO TRAPENSE

Nací y me crié en una iglesia evangélica muy tradicional. La primera vez que experimenté un encuentro con un sacerdote católico fue con el padre Elizaga. Nunca había tenido contacto amistoso con sacerdotes católicos, y mucho menos con monjes. Pero un día, mientras conducía por el campo, vi un cartel que decía «Monasterio Trapense». Sentí curiosidad. Lo único que había oído sobre los monjes eran cosas muy negativas. Quise averiguar por mis propios medios. Así que di la vuelta y entré a su propiedad por una larga entrada con dos hileras de bellos árboles a cada lado del camino que formaban una especie de túnel con un hermoso edificio al final. Era una propiedad enorme con muchas hectáreas en la que los monjes trabajaban la tierra y tenían animales. No sabía que los trapenses eran los monjes más estrictos. Aparte de los votos de castidad, obediencia y pobreza, toman el voto del silencio. Nunca hablan, solo el que está de turno puede hablar para recibir a las visitas.

Me invitaron a recorrer todo el monasterio, y al final me presentaron al prior o director. Él era una persona muy espiritual. Nunca antes había tenido conversaciones espirituales tan profundas sobre la relación personal con el Señor Jesucristo con ningún evangélico como las que tuve con él. Cuando partí, ambos sentimos como si hubiera sido el encuentro entre María y Elisabet, hasta el punto en que el prior me dijo: «Por favor, pastor, no se vaya, quédese con nosotros». Le dije que tenía compromisos muy importantes que atender, pero que regresaría. Cuando me estaba yendo, me dijo: «No se olvide que me prometió regresar».

A la semana siguiente recibí una carta de él, invitándome a volver. Así que reservé una fecha y junto con mi pastor asistente, Antonio Vigilante, regresamos al Monasterio Trapense. Ambos decidimos sacar provecho de un lugar tan maravilloso e inspirador para hacer una semana de ayuno y oración. Cosa que hicimos junto con los monjes.

Ellos oraban en silencio ocho horas por día y nosotros hacíamos lo mismo. En silencio y contemplación, Antonio y yo, que éramos pentecostales, aprendimos a orar en silencio. No fue fácil al principio, pero nunca supe la riqueza de recursos que tenemos en Cristo dentro de nosotros hasta que meditamos en silencio. ¡Ambos, Antonio y yo, nos volvimos contemplativos!

Después de tres días, el prior nos preguntó cuánto tiempo duraría nuestro ayuno, y dijo: «Somos conocidos como los monjes del ayuno, pero generalmente ayunamos un día. No queremos que se mueran aquí. Todos los monjes sienten curiosidad, porque nunca pensamos que los protestantes ayunaban. ¿Podrían ser lo suficientemente amables para hablarles a los monjes y explicarles el motivo por el que ayunan?».

Cuando ingresamos a la sala, había alrededor de cuarenta monjes vestidos con sus impecables túnicas negras y blancas, con sus capuchas puestas y las manos escondidas en sus mangas. Todos estaban sentados alrededor y contra las tres paredes. Les hablé sobre la renovación entre los evangélicos. Cuando estaba por terminar, el prior me pidió que impusiera mis manos sobre todos. Solamente dije: «Sé lleno del Espíritu Santo». Como era normal, hubo un silencio total. El prior, que estaba boca abajo en el piso, me preguntó: «Pastor, por favor, ¿podría orar por mí?». Me puse en la misma posición, boca abajo, y oré por él y por mí. Luego de ese período de oración fuimos a la misa.

La misa trapense es muy elegante, precisa y simétrica. Se mueven todos al mismo tiempo y con el mismo ritmo. Las lecturas, las oraciones y todo lo demás se realiza cantando. Cuando el sacerdote consagró la hostia y el vino de la misa, advertí que actuaba como si estuviera conteniendo la risa. Durante toda la consagración casi no pudimos comprender qué dijo. Al terminar la misa y salir en fila, mientras el prior nos rociaba con agua bendita, el sacerdote oficiante me llamó a un costado a una pequeña capilla y lleno de entusiasmo me dijo: «¡Hablé en lenguas durante la misa!». Mientras conversábamos, otros monjes vinieron a la sala muy ansiosos por hablar con nosotros y de repente comenzaron a bailar y a hablar en lenguas. ¡Todo el monasterio resonó durante horas con el ruido sagrado de las alabanzas a Dios!

Después que los monjes tuvieran esta experiencia, uno de ellos me explicó que hacía dos años, el día de Pentecostés, mientras leía la narración de las Escrituras acerca de ese día, le había escrito a su mentor espiritual en los Estados Unidos (en su mayor parte habían venido de allí), preguntándole si esa experiencia que narraba la Biblia podía adecuarse a la actualidad. La respuesta del mentor fue: «Sí, pero tienes que pedirle a Dios que envíe a alguien a imponer las manos sobre ti para que lo recibas». Este monje, que estaba a cargo de atender a los visitantes, me dijo que el día en que visité el monasterio tuvo el sentimiento de que yo era esa persona.

Esto fue muy significativo, pues muchos sacerdotes de todo el país vinieron a este monasterio para hacer retiros espirituales y los sacerdotes les imponían las manos para recibir el fuego del Espíritu. De modo que fue un gran avance para el movimiento carismático católico de la Argentina.

Sin embargo, esto llegó mucho más lejos y causó el mayor impacto en mi vida en cuanto a la naturaleza de la iglesia de Dios. Somos una iglesia. Dios no discrimina. Todos somos sus hijos y nos ama de igual manera. La lección no fue solo para nosotros, sino también para ellos. La cuestión era por qué un protestante pentecostal debía utilizarse como un canal para ese desborde en el corazón de la espiritualidad católica. ¿No podría haberse usado a otro carismático católico para ello?

La noticia llegó a todas partes. Comencé a ser invitado a conferencias e iglesias católicas, y yo también invité a sacerdotes católicos a mi iglesia. El asistente del arzobispo de Buenos Aires, un joven teólogo y brillante sacerdote, vino a mi casa y fue lleno del Espíritu. El propio arzobispo vino a nuestra iglesia de las

Asambleas de Dios. Esto era demasiado para mi denominación. En aquella época esto no se comprendía. El hecho de que nuestra denominación, las Asambleas de Dios en Argentina, no pudiera aceptar que Dios llenaría con su Espíritu a sacerdotes católicos era muy triste.

Fui a Springfield, Missouri, y al resto de los Estados Unidos para explicarles a las Asambleas de Dios de ese país que había aceptado el hecho de que Dios se movía en todas las denominaciones, incluyendo la católica, pero que en Argentina nuestros líderes no podían aceptarlo, así que no contaba con su apoyo. Sin embargo, no podía dar marcha atrás en mi experiencia. Podría haber abandonado estas ideas, pero las experiencias impresionan para siempre. Experimenté que la iglesia es UNA sola y que quien sea que crea en el nombre de Jesús es salvo.

Después de un tiempo, las Asambleas de Dios reconocieron que este era un mover de Dios y me enviaron una carta disculpándose. Así que ahora amo y soy amado por las iglesias de los italianos y también por las iglesias de las Asambleas de Dios. Pablo lo expresó bien al decir: «Por lo tanto, ¡que nadie base su orgullo en el hombre! Al fin y al cabo, todo es de ustedes, ya sea Pablo, o Apolos, o Cefas, o el universo, o la vida, o la muerte, o lo presente o lo por venir; todo es de ustedes, y ustedes son de Cristo, y Cristo es de Dios». Si escogemos uno, perdemos; si no escogemos ninguno, ¡todo es nuestro!

Hoy día, la iglesia italiana, las Asambleas de Dios, los presbiterianos, los reformados, los ortodoxos y los católicos son todos míos. Todos me invitan a predicar sobre el mismo Cristo. Me siento en casa en todos sus templos, porque sé que Jesús los ama y que ellos lo aman a él. Así que yo los amo a ellos y ellos también parecen amarme. Aunque lo perseguían, Pablo amó con pasión no solo a los gentiles, sino también a los judíos de quienes provenía, «para que todos sean uno. Padre, así como tú estás en mí y yo en ti, permite que ellos también estén en nosotros, para que el mundo crea que tú me has enviado» (Juan 17:21).

Esta misma experiencia se repitió con los arzobispos católicos de Bolivia, Guatemala y San Pablo, ciudad de Brasil. En estos lugares me invitaron a concelebrar la misa. En los últimos 55 años he ministrado en iglesias de casi todas las denominaciones en alrededor de 65 países, incluso la ortodoxa griega. ¡Toda la gloria es para Dios!

PARA REFLEXIONAR: «*De este modo todos sabrán que son mis discípulos, si se aman los unos a los otros*» (Juan 13:35).

CAPÍTULO 17

Un aprendizaje iluminado en los años 60

La comunión con pastores de todas las denominaciones, incluyendo a sacerdotes católicos, trajo consigo la adición de la riqueza de la teología y las tradiciones de cada uno al grupo. Esto nos obligó a nosotros y a otros pastores a leer de nuevo las Sagradas Escrituras con el objeto de hallar que lo que aprendimos era verdad.

Al comienzo pensamos que esta era la renovación carismática que se estaba produciendo en todo el mundo, pero como este grupo de pastores se reunía todas las semanas para orar y releer las Escrituras, la renovación iba mucho más lejos. Este grupo de todas las tradiciones revisaba todo. Pastores de los Hermanos Libres fundamentalistas como Alberto Darling, Augusto Ericson, Iván Baker, que ahora hablaban en lenguas, decidieron que si no se les había enseñado acerca del Espíritu Santo, ¿cómo sabrían que estaban en lo correcto en el resto? Así que se volvieron a leer los Evangelios y el libro de Hechos.

Éramos un movimiento de renovación que incluía a muchas denominaciones. Recibí mucha luz en mi relectura de las Escrituras, y lo mismo les sucedió a los demás pastores. Decidimos visitar a líderes de otras denominaciones y hacerles preguntas con el fin de aprender, no de pelear. A modo de ejemplo, fuimos a ver al conferencista radial de «La voz de la profecía» de la Iglesia Adventista del Séptimo Día y le preguntamos: «¿Cree usted que si un creyente no observa el sábado está perdido?». Él respondió: «¿Cómo podemos creer eso si la salvación es únicamente por medio de la gracia de Dios?». No esperábamos esa respuesta.

Como teníamos un gran compañerismo y éramos amigos unos de otros, descubrimos al mismo Cristo en cada pastor. Creo que en el pasado habíamos depositado demasiado énfasis en nuestra doctrina. Cuando Jesús pasó a ser nuestro Señor, se convirtió en la cabeza de nuestra iglesia y nuestra amistad no fue más por la forma en que bautizamos, oramos, tenemos comunión o creemos en la Segunda Venida. Cuando Jesús nos alumbra y brilla en nuestros corazones, todo lo demás se torna secundario. Vemos que Dios se regocija y canta sobre nosotros cuando nos amamos los unos a los otros, así como se alegran los padres por tener una familia unida.

Cuando estábamos juntos, nuestras conversaciones se tornaban cada vez más ricas. No existían temas tabúes. Confiábamos uno en el otro, podíamos cuestionar cualquier cosa y discutirla. Nuestras reuniones eran las mayores experiencias de aprendizaje que jamás tuvimos. Apartamos un día a la semana para formular preguntas y recibir respuestas de Dios y de cada uno de nosotros. Puesto que todos éramos pastores, todos conocíamos bien las Escrituras. Había un equilibrio porque veníamos de diferentes tradiciones.

NUEVAS REVELACIONES

Una de las primeras cosas que llamó mi atención y que tratamos fue el texto de Hebreos 5:11-14; 6:1-3:

«Sobre este tema tenemos mucho que decir aunque es difícil explicarlo, porque a ustedes lo que les entra por un oído les sale por el otro. En realidad, a estas alturas ya deberían ser maestros, y sin embargo necesitan que alguien vuelva a enseñarles las verdades más elementales de la palabra de Dios. Dicho de otro modo, necesitan leche en vez de alimento sólido. El que sólo se alimenta de leche es inexperto en el mensaje de justicia; es como un niño de pecho. En cambio, el alimento sólido es para los adultos, para los que tienen la capacidad de distinguir entre lo bueno y lo malo, pues han ejercitado su facultad de percepción espiritual [...] Por eso, dejando a un lado las enseñanzas elementales acerca de Cristo, avancemos hacia la madurez. No volvamos a poner los fundamentos, tales como el arrepentimiento de las obras que conducen a la muerte, la fe en Dios, la instrucción sobre bautismos, la imposición de manos, la resurrección de los muertos y el juicio eterno. Así procederemos, si Dios lo permite».

Al leer juntos este texto descubrimos cosas nuevas, como por ejemplo: Todos somos lentos para oír, medio sordos, las palabras entran por un oído y salen por el otro, así que no crecemos, siempre permanecemos en las cosas elementales, en el primer grado. Como no practicamos ni vivimos lo que oímos, no hacemos nuestra tarea, no comprendemos, así que nos quedamos en el mismo nivel continuamente. Si creciéramos, podríamos enseñarles a los más nuevos, pero en cambio somos alumnos primarios eternos que oyen, pero no hacen los deberes. ¿Qué es la comida sólida? ¿Cuál es la diferencia entre la leche y la comida sólida? ¿Qué es ser maduro? ¿Cómo podemos dejar la enseñanza elemental sobre Cristo, el arrepentimiento de las obras sin valor, la fe en Dios, la instrucción sobre los bautismos, la imposición de manos, la resurrección de los muertos y el juicio eterno?

Me di cuenta por primera vez de que la mayor parte de nuestras enseñanzas en la iglesia, la escuela dominical y hasta en el seminario, lo que los pentecostales llamamos el «EVANGELIO COMPLETO», eran solo «las enseñanzas elementales sobre Cristo»: el arrepentimiento, la fe, el bautismo, el bautismo en el Espíritu Santo, la Segunda Venida, la resurrección... Todo esto era los rudimentos de las enseñanzas, el ABC, la leche. Nunca había aprendido qué era la «comida sólida». Lo pregunté, pero ninguna de las respuestas me satisfizo.

El sentimiento más difícil de todos era respecto a estas enseñanzas elementales que debíamos abandonar según Hebreos 6:1-2.

Todas estas cosas sucedían en el primer día que las personas se convertían en la iglesia primitiva. Los apóstoles predicaban, las personas se arrepentían, eran bautizadas, llenas del Espíritu, y se preparaban para la Segunda Venida. Me sentí devastado. Mi orgullo denominacional me abandonó.

Como tengo un impulso continuo por crecer en el conocimiento del Padre, el Hijo, el Espíritu Santo y las Escrituras, comencé a profundizar en ellas. Decidí nunca más volver a subrayar mi Biblia. Estos versículos hicieron una revolución en mi vida espiritual, nunca fui el mismo. Mantengo mi actitud de crecer espiritualmente al practicar las cosas nuevas que aprendo y buscar las cosas que no conozco todavía. No quiero dejar de crecer, quiero ser un descubridor continuo de cosas nuevas de Dios, por medio de las Escrituras y la oración.

Mi vida nunca fue la misma hasta hoy y se renueva día tras día. Ya me convertí en un buscador, en un descubridor. Mi relación con Dios no cesa de crecer. Como ejemplo, primero cambié la palabra oración por conversar con Dios, luego por conexión con Dios, luego por meditación, contemplación, visualización y más adelante por romance con Dios.

Ahora tengo 76 años, no me queda mucho tiempo de vida, pero quiero seguir creciendo. Sim embargo, todo comenzó allí, en la casa de los Darling mientras estudiaba Hebreos 6:1-3. Comprendimos un poco más sobre qué era la comida sólida en 1 Corintios 2:6-16. Así fue que comencé a creer y a practicar la unidad de la iglesia. Aprendimos que el nombre de la iglesia es «La Iglesia», y punto.

Hoy me siento cómodo con cualquier tipo de liturgia. Antes, ponía a prueba a la gente según su «ideología». Ahora, intento discernir a Jesús en las personas. Jesús es más que suficiente para que yo tenga comunión con otro creyente. Jesucristo se convirtió en lo único esencial, y el credo apostólico en nuestro fundamento. Todas las otras posturas sobre la escatología, la manera de administrar los sacramentos, el sistema de gobierno y hasta los detalles teológicos se han vuelto secundarias. Dios mismo llenó mi pantalla. Creo en eso hasta ahora mismo. Soy un buscador de él a fin de conocerle.

DONDE ESTUVIERA CRISTO

Experimentamos un verdadero compañerismo con los cristianos que diferían unos de otros. Esto no significa que me haya convertido en sincretista o en una persona sin convicciones, creyendo que todo estaba bien. Tengo mi opinión, soy reformado por convicción y esa es mi base teológica, pero mi círculo de amor y aceptación incluye a todos los cristianos, evangélicos, protestantes, iglesias clásicas, fundamentalistas, católicos, ortodoxos y más. No se trata de una mezcla, sino de aceptación, respeto y amor por los que tienen a Jesús, pero con diferentes convicciones teológicas.

Me siento atraído por las personas que tienen a Jesús viviendo dentro de ellos, ya sea que se manifieste de manera pentecostal, fundamentalista o en el rock and roll. Disfruto de la liturgia de la iglesia alta, la moderna, la contemporánea, la postmoderna y la emergente. Si Jesús está allí me siento en casa, aunque donde tengo jurisdicción mi preferencia es la liturgia clásica, quizás por mi edad, con la oración del Señor, el credo y los himnos clásicos.

La mayoría de los pastores involucrados en esta renovación en Buenos Aires eran de mediana edad. Todos nos llegamos a amar hasta el punto de querer entregar nuestras vidas unos por los otros, y comenzamos a ayudarnos. Algunos pastores que tenían una casa propia ayudaron a otros que no la tenían a comprar una. También, todos los pastores que tenían vehículos ayudaron a comprar automóviles a los que no los tenían.

En nuestro grupo de renovación, los líderes experimentamos la aceptación que neutralizaba el rechazo que sufríamos en nuestras denominaciones. Los pastores se encontraban una vez a la semana, porque percibíamos que lo que estábamos experimentando no era solo un avivamiento carismático de hablar en lenguas, sino una renovación total de la iglesia.

Los cambios eran tan revolucionarios y rápidos que nos daba miedo. Necesitábamos permanecer juntos semanalmente para evaluar qué sucedía, a fin de evitar los extremos y verificar todo con las Sagradas Escrituras. Nunca estuve en una reunión más interesante que con estos pastores. Nunca canté mejor que con ellos. Nunca tuve mejor tiempo de oración ni mayor iluminación semanal. ¡Qué etapa vivida!

EL SEÑORÍO DE CRISTO

En esta renovación, descubrimos que éramos lactantes y que los miembros de nuestras iglesias eran lactantes eternos. Las personas no crecían espiritualmente. Nuestras iglesias crecían en número, pero no en la plenitud del carácter de Cristo. Descubrimos que las cifras no bastan. Los cementerios también crecen en número. Descubrimos de nuevo el sacerdocio de cada creyente. Por primera vez en mi iglesia se autorizó a los miembros a bautizar a sus conversos y servir la comunión en sus grupos de células. Descubrimos que en el Nuevo Testamento la palabra miembro se usaba como una parte viviente de un cuerpo y organismo funcional, no como integrantes de una institución u organización. Comprendimos que los miembros del cuerpo estaban conectados entre sí y que nuestras iglesias no eran un cuerpo, sino personas individuales que asistían a reuniones. No existían relaciones reales con articulaciones y ligamentos. La iglesia no era un edificio, sino una pila de ladrillos. Una montaña de buenos miembros en nuestros bancos, pero no un cuerpo funcional viviente. El grupo de pastores de diferentes denominaciones era un factor estabilizador. Tuvimos la bendición de ser creyentes de la Biblia, pero también tuvimos un grupo de pastores sinceros y espirituales para discernir cualquier experiencia que sucedía.

Dios le entregó a nuestro amado Jorge Himitian la iluminación sobre el señorío de Cristo. Utilizó horas para ayudarme a comprender la diferencia entre aceptar a Cristo como Salvador y entregarse a él como Señor. También para comprender la diferencia entre el evangelio de las ofertas, de las cosas y el evangelio del Reino de Dios. Descubrimos que el nombre por encima de todos los nombres era «nuestro Señor Jesucristo» y el nombre completo de la revelación de Jesús no era solo «el evangelio», porque esta palabra significa solo «buenas noticias». ¿Qué buenas noticias? ¡El evangelio o las buenas noticias del Reino de Dios! El Reino de Dios son las buenas noticias. Descubrimos que estábamos más centrados en la denominación que en el Reino. Que predicábamos el evangelio de la iglesia y no el evangelio del Reino de Dios. Esto marcó una gran diferencia en nuestro enfoque. La denominación desapareció de nuestros radares y comenzamos a ver a toda la iglesia como una «católica o universal y apostólica».

Lo habíamos aceptado como Salvador, pero no nos entregamos a él como Señor. Cuando se proclamó y se puso en práctica el señorío de Cristo, las personas se entregaron a sí mismas y pusieron sus posesiones a los pies de Jesús, y Cristo pasó a ser el Señor de nuestras vidas y posesiones. Pero también algunos de nosotros comprendimos que del señorío hasta el legalismo había una línea delgada, así que entendimos que mientras crecíamos en obediencia, Jesús quería más de nosotros: no solo de nuestro servicio, sino también de nuestra amistad.

Le servimos porque lo amamos, no por interés de recompensas o temor a un castigo. Él no quiere tener siervos, sino amigos. Mientras que el creyente es un niño, Gálatas 4:1-7, el legalismo y la sumisión son buenos para los niños. Pero cuando crecemos nos volvemos amigos y la relación no es por la ley, sino por amor y en libertad.

Un siervo sirve por obligación. Un amigo sirve porque ama. Esto nos llevó a ahondar más en nuestra actitud hacia el lugar de la ley y el lugar del Espíritu de Cristo en nuestra vida. Comenzamos a considerar el significado de «servir a Dios en el nuevo poder que nos da el Espíritu, y no por medio del antiguo mandamiento escrito» (Romanos 7:6). Esto trajo consigo una revolución a nuestra relación con Dios y ubicó a las Escrituras en su justo lugar: un medio para conocer a Cristo y no un fin en sí mismas.

Aprendimos a orar en forma diferente. Dios no es nuestro siervo, nuestra lámpara de Aladino. La oración no es solo pedir. Los niños piden, los adultos dan. La oración es estar conectados con él sin cesar, sin interrupción. La oración es la vida en el Espíritu. «Servir a Dios con el nuevo poder que nos da el Espíritu, y no por medio del antiguo mandamiento escrito» se tornó más claro.

Las Sagradas Escrituras se volvieron precisamente eso: Las Sagradas Escrituras, no otro Dios, como en el fundamentalismo. Mantuvimos nuestro mismo respeto por las Escrituras, pero no hicimos equivaler la letra y el Espíritu como la misma cosa. Leer la Biblia y tener comunión con Dios no son sinónimos. La guía del Espíritu no contradice lo que está escrito en el Nuevo Testamento, pero lo complementa, y aun así, el Espíritu de Cristo vive dentro de nosotros. No solo nos recuerda qué enseñó Jesús, sino que nos guía hoy día y nos enseña como Jesús prometió que lo haría.

HACER DISCÍPULOS

También descubrimos que la evangelización y hacer discípulos son sinónimos. «Anuncien las buenas nuevas a toda criatura» y «hagan discípulos de todas las naciones» es lo mismo. Los discípulos se forman en grupos pequeños, como lo hizo Jesús, porque cada individuo es importante para Dios. Cada creyente debe tener un pequeño grupo de discípulos que generará discípulos. Esto mejora la calidad de los creyentes y su multiplicación. Sin embargo, uno de nuestros errores fue que comenzamos a discipular a los ya creyentes, a los miembros de nuestras iglesias, de manera tal que dividimos nuestra congregación en grupos pequeños enfatizando la calidad de vida de los creyentes y perfeccionando a los santos. No obstante, el mandamiento de Cristo fue discipular a los no creyentes. Este es el motivo por el cual este movimiento influyó al mundo, pero no trajo consigo una cosecha enorme de creyentes nuevos en nuestro movimiento original. Le dimos más importancia a «perfeccionar a los santos» que a la «obra del ministerio». Actuamos como si la obra del ministerio fuera seguir perfeccionando a los santos. ¡Pero descubrimos que uno nunca termina de «perfeccionar» a un santo!

El seminario Fuller nos invitó a narrar qué estaba sucediendo en Argentina y después de nuestra extensa exposición nos preguntaron: «¿Por qué esta renovación no produjo la evangelización de nuevos creyentes?». Nuestro amado pastor Bentson respondió:

«Porque el estado de la iglesia era tan malo y nuestros creyentes eran tan infantiles, que primero debíamos discipularlos a ellos». Creo que nuestra respuesta era verdadera, pero nos equivocamos en discipular a los creyentes ignorando a los no creyentes. Pagamos un alto precio por ello. Nuestras iglesias comenzaron a tener menos conversiones y menos bautismos. La frase completa es que nos dedicamos a «perfeccionar a los santos para la obra del ministerio».

Empezamos a fijarnos tanto en los detalles de nuestra ética cristiana que nos acercamos a la ridiculez en esa «perfección de los santos». Por supuesto que eso asustó a algunos de nosotros. ¡«La obra del ministerio» significa también hacer nuevos discípulos! ¡Lo pasamos por alto! Debemos ser conscientes de los peligros que plantean los extremos.

En algunos grupos de nuestro movimiento, el discipulado se tornó más una cuestión de obras y obediencia a sus líderes que una cuestión de gracia. Se disciplinaba a las personas y se las castigaba por sus imperfecciones. Se las obligaba a confesar públicamente sus pecados, y los grupos, si bien perfeccionados en su carácter, no crecían en número porque estábamos muy ocupados «perfeccionando a los santos».

Algunos grupos, hasta ahora, luego de tantos años, tienen la misma cantidad de personas y los santos «perfeccionados» son ahora personas mayores que se siguen perfeccionando. Son cristianos maravillosos, seguidores de Cristo, sumisos a sus líderes, pero que no produjeron la multiplicación esperada.

Dios no falló. Él continuó el movimiento usando a otros de sus hijos. Alentó a Carlos Annacondia y a otros para la evangelización que condujo a las iglesias grandes. Las iglesias exitosas son las que evangelizan y discipulan al mismo tiempo. Comenzaron también otros movimientos grandes en casi todos los países de América Latina. Ahora son ellos los que envían misioneros a Europa, continente que solía enviar misioneros a Latinoamérica.

PARA REFLEXIONAR: La herejía no es tanto una doctrina nueva sino una doctrina ortodoxa sobreenfatizada.

CAPÍTULO 18
Elementos de la renovación espiritual

Los elementos del movimiento de Argentina de la década de 1970 eran, entre otros: El bautismo en el Espíritu Santo, la renovación de la iglesia, no solo espiritual sino también estructural, una nueva himnología, es decir una mezcla de música nueva con canciones antiguas, cantar las Escrituras, las doxologías centradas en Dios, el señorío de Cristo, el énfasis en la vida bajo el nuevo pacto, la vida en el Espíritu, el fruto del Espíritu, una escatología más simple, el retorno a la escatología de las iglesias clásicas, dar una mayor importancia a la práctica de la Biblia que a la teología filosófica, ser hacedores de la palabra, más preocupación social, ayudarse unos a otros y amar a nuestro prójimo, discipular a las personas en grupos pequeños, respetar la autoridad, someterse a los líderes, la unidad de la iglesia y la visión de Watchman Nee acerca de la iglesia local influida por nuestro movimiento, si bien comprendíamos que la iglesia local no era nuestra iglesia, sino todas las congregaciones de la zona. No necesitábamos crear una nueva iglesia local, sino aceptar las ya existentes. Encontramos una clara diferencia entre predicar y enseñar haciendo un énfasis mayor en enseñar en grupos pequeños.

Estos cambios no fueron meras palabras, sino que lo decíamos en serio. A modo de ejemplo, cuando cambió la himnología de canciones evangélicas a doxologías dirigidas a Dios, los tríos, cuartetos, grupos de alabanza, etc. dirigían su canto al frente, pero dándole la espalda a la gente y al frente del púlpito, mirando simbólicamente hacia Dios. Conducían la adoración «mirando a Dios» como los altares en las antiguas iglesias católicas. Nuestras canciones eran para Dios, no para la gente.

Cuando leíamos o cantábamos un salmo como «Alábalo con danzas», ¡comenzábamos a bailar! En una oportunidad los músicos señalaron la calle, toda la iglesia los siguió y todos cantamos y bailamos en la calle que rodeaba a la iglesia. Como toda la manzana tenía edificios altos, la gente se asomó a los balcones para ver qué sucedía. Cuando comenzamos a enseñar que la iglesia es una sola, le pregunté a mi gente: «¿Creen que la iglesia es una sola?». Respondieron: «SÍ». Luego les dije: «Si eso es lo que creen, a partir de hoy asistan a la iglesia que esté más cerca de sus casas». Algunos obedecieron. Dos de mis ancianos con un grupo de 54 miembros que vivían en el mismo barrio de una iglesia anglicana (episcopal) cuyo pastor era Warren (australiano) cambiaron su membresía a esa iglesia. Éramos hacedores de la palabra, no solamente oidores.

Cuando estudiamos lo que significaba ser un discípulo en el libro de Hechos, las personas comenzaron a traerles a los pastores las escrituras y las llaves de sus propiedades y sus automóviles. Recibimos tanto que no sabíamos qué hacer con ello. Fue sabio esperar un año antes de aceptar esas ofrendas, ya que tiempo después el Espíritu Santo nos guió a devolver todo a sus dueños. Temblábamos por temor a equivocarnos.

Entonces les dijimos que ellos debían entregarse junto con sus propiedades y que debían usarlas como si ya no les pertenecieran, siendo hospitalarios al usar sus vehículos para llevar a sus vecinos al hospital, a la iglesia, de compras o a donde fuera necesario. Cada elemento de la renovación se tomó en serio.

Fue por eso que nuestra luz acerca de la sumisión a los pastores se tomó con tanta seriedad que terminó en el abuso de algunos líderes.

Jorge Himitian enseñó que la herejía, más que un concepto equivocado, es llevar el concepto correcto a los extremos. Algunos grupos comenzaron a enseñar sobre el señorío de Cristo y continuaron con el señorío de los pastores. Cuando Jesús nos envió a hacer discípulos, quería decir: «Hagan más discípulos míos», no nuestros, algo que está sucediendo en muchas iglesias, incluso mientras escribo este libro. Por esto es que Pedro dijo: «Cuiden como pastores el rebaño de Dios que está a su cargo, no por obligación ni por ambición de dinero [...] No sean tiranos con los que están a su cuidado» (1 Pedro 5:2-4).

Al inicio de esta renovación, la unidad de la iglesia se convirtió en una de las grandes iluminaciones. Como había compañerismo con los líderes de todas las denominaciones, incluidos los sacerdotes católicos, descubrimos que había muchas más cosas que nos unían que las que nos separaban. Descubrimos que las cosas que nos dividían no marcaban ninguna diferencia en nuestra salvación. Cambiamos la exclusividad carnal por la inclusividad espiritual. Pero luego, comenzamos a reglamentar nuestras enseñanzas y prácticas, y ahí nos convertimos en una nueva denominación.

Allí fue cuando se encendieron luces rojas en la mente de muchos líderes y el movimiento comenzó a perder muchos pastores. Al mismo tiempo, muchas denominaciones que reaccionaron con dureza ante este movimiento, comenzaron a ablandarse y muchos permanecieron en ellas. La mayoría de nosotros no quería abandonar sus denominaciones, porque creíamos en su renovación. En verdad estábamos liberados de nuestro denominacionalismo, pero éramos libres de pertenecer a una denominación.

El impacto de la renovación se advirtió en toda la iglesia de Argentina y más tarde en el mundo. Por eso nos invitaron a disertar en el congreso sobre evangelismo de Billy Graham, en Lausana. Luego, pastores de todas partes del mundo vinieron a visitarnos a Argentina con el fin de ver la renovación cara a cara.

Más tarde, fuimos invitados a visitar sus países.

En un movimiento que trajo tanta iluminación fue muy difícil evitar que algunos de nosotros comenzáramos a sentir que los demás no tenían la misma luz que teníamos nosotros, que éramos la respuesta al avivamiento del siglo XX. Tuvimos que arrepentirnos de esa actitud. Dios respondió a esa situación levantando a otros líderes que no eran parte del «movimiento», demostrando que él está en el trono y no tiene canales oficiales para bendecir al mundo.

La gran repercusión de este movimiento es incuestionable, hoy en día todas las denominaciones, de una u otra forma, se «renuevan» en su liturgia. El discipulado se volvió una práctica a nivel mundial, la composición de canciones nuevas y la liturgia renovada sucedió en la mayoría de las denominaciones. La lealtad hacia Jesús ahora está por encima de la lealtad a las denominaciones y uno encuentra personas carismáticas en todas las iglesias. La mayoría forma parte de grupos celulares, eleva sus brazos para cantar y hace muchas cosas que no eran apreciadas en las iglesias antes de este movimiento.

EL EXTREMO DE LA SUMISIÓN

Los elementos de la renovación fueron y son muy positivos. Muchos de ellos se practican de una u otra manera en la mayoría de las iglesias exitosas en la actualidad, en especial en las megaiglesias. Sin embargo, en los grupos que mantienen una eterna autoridad vertical, mientras las personas crecen espiritualmente y sus sentidos aprender a discernir por sí mismos, la sumisión eterna a los pastores se torna un obstáculo en vez de una ayuda. Es necesario librar a los discípulos para que formen nuevos discípulos, así como nosotros libramos a nuestros hijos para que se casen y formen nuevos hogares, manteniendo la unidad de la familia no por ley, sino por amor.

La unidad también proviene de la gracia. Lo que nos une es el amor y la amistad. Cuando los discípulos maduraron, Jesús les dijo: «Ya no los llamo siervos, porque el siervo no está al tanto de lo que hace su amo; los he llamado amigos, porque todo lo que a mi Padre le oí decir se lo he dado a conocer a ustedes» (Juan 15:15). Debemos dejar espacio para que la gente madure. Estamos creando discípulos para Cristo, no para nosotros mismos.

Hubo miembros que dentro de este movimiento crecieron espiritualmente y el Espíritu quiso llevarlos a un ministerio más grande o diferente. Si el líder no quería perderlo en su iglesia, simplemente presentaba la tarjeta de sumisión y el miembro con un llamado a otro ministerio debía decidir si obedecía a sus líderes o al llamado del Espíritu dentro de él para comenzar algunos ministerios nuevos. Muchos de ellos eligieron «desobedecer» a los líderes y ahora son líderes de iglesias y ministerios importantes.

Evidentemente esta tarjeta de «sumisión» es muy tentadora para algunos líderes y se termina abusando de ella. En unos pocos casos, los discípulos no podían siquiera comprarse ropa nueva sin el permiso de su líder. Esto era perpetuar la niñez y la dependencia, en lugar de dar lugar a una madurez espiritual. Esto no solo sucedió en Argentina, sino también en algunos otros países, especialmente en Estados Unidos.

La sumisión al líder es transitoria, ocurre hasta que el discípulo madura. En nuestros grupos de Buenos Aires veíamos etapas diferentes que las personas transitaban. La primera era el período que llamábamos de grabador, cuando el discípulo debía simplemente repetir la enseñanza de su líder, luego el período de revelación, cuando ya no necesitaba solo repetir lo que el líder le enseñó, sino aquello que era producto de su propia relación con Dios. Los doce discípulos eran grabadores de Jesús. Luego les entregó el Espíritu Santo, y en el Libro de Hechos fueron guiados desde adentro, no desde afuera. Al principio, Timoteo, Tito y otros fueron cintas grabadas de Pablo. Más adelante se volvieron líderes guiados por el Espíritu, no por Pablo.

Esta es la razón principal por la que después de mi primer libro, *Discípulo,* me apuré a publicar *The cry of the human heart* [El grito del corazón humano], *Living with Jesus to day* [Vivir con Jesús hoy día] y *God is closer than you think* [Dios está más cerca de lo que piensas], enfatizando la gracia y la presencia de

Dios en nuestro ser, porque vi el fantasma del legalismo.

Creo en la autoridad y en la sumisión, pero no como una condición constante e incondicional. Pablo dice: «En otras palabras, mientras el heredero es menor de edad, en nada se diferencia de un esclavo, a pesar de ser dueño de todo. Al contrario, está bajo el cuidado de tutores y administradores hasta la fecha fijada por su padre» (Gálatas 4:1-2).

La sumisión como una condición continua, y no como una necesidad transitoria, sofoca a la persona y al Espíritu Santo. Todos nuestros hijos deben someterse mientras son niños. Les dijimos cuándo bañarse, qué ropa usar, qué comer y dónde ir. Pero Dios los creó con capacidad de madurar. Al ser adolescentes, no es que se vuelvan rebeldes, ¡están creciendo! ¡Deben crecer! Si sus padres no se lo permiten y quieren que se sometan como cuando eran niños, deberán desobedecerlos para ser maduros y encontrar su propia identidad.

Si el padre es inteligente, le dará espacio a su hijo para crecer y negociará con él las nuevas libertades y los «no» de la adolescencia, decidiendo mantener a toda costa la conexión con él o ella, aun cuando desobedezca. La relación con nuestros adolescentes es un arte hecho con amor.

Si tenemos éxito en mantener nuestra comunicación y nuestra relación con ellos mientras maduran, cuando se casen y tengan hijos, seguirán conectados con nosotros hasta el último día de nuestras vidas en amor. Sim embargo, ellos, su cónyuge y sus hijos, aunque estén conectados con nosotros por amor, serán una entidad separada. El verdadero desarrollo es pasar de la dependencia (niños) a la independencia (jóvenes), y de la independencia a la interdependencia (matrimonio, familia) (1 Juan 2:12-14).

Al casarse, el joven ha iniciado una nueva familia conectada con nosotros solo por amor, pero no por sumisión como cuando era niño. Esto sucederá nos guste o no. Es mejor que dejemos que ocurra en paz y mantener una conexión de amor que perderlos. No es normal que un hijo casado siga siendo sumiso ante sus padres como cuando era niño.

Fui invitado por el Congreso de Evangelización Billy Graham para hablar en el evento de Lausana sobre qué sucedía en Argentina. Los líderes más importantes de todas las denominaciones del mundo estaban allí. Luego del congreso, muchos líderes de este movimiento en Argentina recibieron invitaciones para hablar sobre los elementos de esta renovación en todo el mundo. Visité más de 65 países con el mensaje de renovación que empezó en la casa de Alberto Darling.

PROTAGONISTAS DE LA RENOVACIÓN

Este capítulo no estaría completo si no mencionara por lo menos a algunos de los principales líderes y el énfasis que pusieron en la renovación, según mi punto de vista. Todos participaron y contribuyeron, pero no es posible mencionarlos a todos. Como dije, nuestra riqueza era la variedad de tradiciones de los participantes. Permíteme decir unas palabras acerca de seis de los líderes que más influyeron en este movimiento.

Alberto Darling fue uno de los mejores oradores que tuvimos. Podía decir con palabras bonitas lo que estaba sucediendo. Tuvo la experiencia de la renovación y entregó todo lo que tenía: su vida, su familia, su automóvil, su casa, su reputación. Dios le dio un discernimiento en la vida y la gracia del nuevo pacto. Cada vez que surgía el tema del legalismo, allí estaba él para recordarnos que todo proviene de la gracia, que es amor.

Orville Swindoll, maestro de la Biblia y músico, nos condujo a una nueva dimensión de adoración y alabanza desde las Escrituras y con su acordeón. Era un ser muy espiritual y siempre nos recordaba la preeminencia del Espíritu Santo cuando nos volvíamos institucionales.

Jorge Himitian era el más joven, una persona enamorada de Jesús y muy leal a las Sagradas Escrituras. Nos llevó al señorío de Cristo y llamó nuestra atención cuando nos dejábamos llevar por cualquier cosa que no era bíblica. Era muy equilibrado. Si bien estábamos muy impresionados por los escritos de Watchman Nee y la iglesia local, él estaba allí para evitar que nos fuéramos a los extremos. Lo que descubrimos fue que la iglesia local es la iglesia existente, no una nueva denominación. Debemos simplemente amarnos los unos a los otros y ser una sola iglesia. Lo mismo se aplicó a las profecías y a muchas otras olas e innovaciones, tales como el alargamiento de las piernas, la expulsión de los demonios de los creyentes, etc. Él siempre estuvo allí buscando moderación y equilibrio.

Edward Miller enfatizó los dones del Espíritu, la intimidad con Cristo y todo lo que tenía que ver con el misticismo cristiano. Nos llamó a ayunar y orar, a pasar del Lugar Santo al Lugar Santísimo, lo que significó una experiencia continua de Cristo en una manera íntima. Desalentaba el evangelismo, que para él era algo del «atrio externo». Debíamos vivir en el lugar «santísimo». Debido a la riqueza de nuestra variedad de ministerios, pudimos obtener todo lo bueno de este maravilloso hermano sin llegar a los extremos.

Keith Bentson trajo misericordia a nuestro grupo. Lo llamábamos nuestro Bernabé. La mayor parte de nosotros éramos inflexibles. Él era pacífico y siempre intentaba ver la otra cara.

Iván Baker fue el único que creía firmemente en la evangelización. Creo que es el que tenía la mejor hermenéutica sobre: «Por tanto, vayan y hagan discípulos de todas las naciones». No se supone que la iglesia se sirva a sí misma, sino que sirva al mundo. Aunque era pastor de una congregación, inició una de cero en su propia manzana, visitando a cada vecino y creando verdaderos discípulos entre ellos. Su nueva congregación estaba conformada por personas que no iban a la iglesia. Deberíamos haberlo escuchado con un poco más de atención.

Por supuesto que hubo muchos otros líderes que enfatizaron diferentes aspectos de nuestra renovación, como la vida familiar, la relación padres-hijos y las finanzas familiares. Algunos ponían el acento en la adoración, otros en la teología, otros en lo ecuménico. No obstante, las Escrituras seguían siendo las mismas. Algún fundamentalista se volvió menos fundamentalista y algunos liberales se volvieron menos liberales.

El grupo, al inicio de este movimiento del Espíritu, estuvo de acuerdo en que, como éramos de denominaciones diferentes, la doctrina no sería nuestra fuente de unidad. Estaríamos unidos en Cristo, no en una declaración de fe o lema, que cantado por nosotros era: «En lo fundamental, tengamos unidad. En lo secundario, libertad. Pero en todo, reine el amor». Sim embargo, existían diferencias entre lo que era fundamental y lo que era secundario.

Cuando cambiamos del énfasis en el Espíritu al énfasis en la letra, muchos pastores dejaron de venir a nuestras reuniones. Al final, un grupo mucho más pequeño es lo que quedó. Siempre nos respetamos y nos amamos, aun cuando hoy día muchos de nosotros trabajamos en puestos y lugares diferentes. Nuestra dispersión se convirtió en una bendición para el mundo, ya que pudimos compartir todas las cosas buenas que aprendimos con todos. Creo que lo que Dios hizo maravillosamente entre nosotros no fue para que comenzáramos una nueva denominación, sino para bendecir a toda la iglesia; y eso hicimos.

Argentina experimentó muchos movimientos gloriosos de avivamiento. Los anglicanos, los hermanos libres, los bautistas y otros misioneros tendieron los cimientos con mucho trabajo. Hicieron la parte más difícil, el inicio, en el entorno más hostil. Luego vinieron los pentecostales, más tarde Tommy Hicks, el movimiento de renovación y finalmente el movimiento de Carlos Annacondia. Ahora hay muchas megaiglesias, varias de ellas pastoreadas por ex discípulos del «movimiento».

PARA REFLEXIONAR: Mi fiel y leal asistente durante este tiempo de renovación, Antonio Vigilante, y yo tuvimos un tiempo de ayuno y oración en las afueras de la ciudad, seguidamente él oró: «Señor, tu iglesia necesita pintura nueva, no, primero necesita un nuevo acabado. ¡Oh no, espera Señor, necesita más que eso, derríbala y hazla de nuevo!».

El eslogan de la iglesia reformada es: ¡Iglesia reformada, siempre reformándose!

CAPÍTULO 19
Estados Unidos, ¿un nuevo hogar?

Mi presencia en el Congreso sobre Evangelismo en Lausana generó muchas invitaciones para predicar y enseñar en todo el mundo, literalmente en los cinco continentes. Viajé por el mundo todavía siendo pastor de la iglesia de Buenos Aires.

Debido a nuestro programa de discipulado, la iglesia no sufrió demasiado mi ausencia. Conducía a mi grupo por correo o por teléfono, y después el mensaje se transmitía a la iglesia.

La relación en los grupos pequeños era como la de una gran familia, desde arriba hacia toda la iglesia. Yo era como un padre para los ancianos. Pablo inició una iglesia y la dirigió mediante cartas escritas desde la distancia. El discipulado y los viajes no son enemigos. Los discípulos generalmente son leales a su amado maestro y continúan con la obra. Con la tecnología actual, el discipulado es mucho más sencillo. ¡Imagina si Pablo hubiera tenido la Internet a su disposición!

A veces Rick Warren, pastor de la Iglesia Saddleback, y otros predicadores envían sus mensajes desde el otro lado del mundo el domingo a sus congregaciones. Warren abrió algunas iglesias satélites que están conectadas con la iglesia central. Luego de la adoración, en el momento del mensaje, Warren aparece en una gran pantalla en todas las iglesias satélites. También se mantiene conectado con cada miembro de la iglesia mediante la Internet.

Cuando era pastor en Argentina, mientras estaba viajando, los ancianos de la iglesia predicaban los domingos. Muchas veces yo escribía el mensaje y ellos lo predicaban. Sin embargo, este estilo de vida demostró ser duro para mi familia y para mí. Cuando regresaba de los viajes encontraba grandes cantidades de trabajo por hacer en casa y en la iglesia.

El edificio de nuestra iglesia era el centro físico de la renovación. Las reuniones de los pastores de diversas denominaciones se llevaban a cabo allí, ya que nuestra iglesia estaba ubicada en el centro geográfico de la ciudad de Buenos Aires. Había unas 50 líneas de ómnibus más trenes y subterráneos que circulaban alrededor de nuestro templo. Era una ubicación conveniente desde el norte, el sur, el este y el oeste.

Durante mis visitas a Estados Unidos se me acercaban distintos públicos en diferentes estados que me preguntaban si les daría permiso para transcribir mis sermones de los casetes. Les di permiso para hacerlo pensando en que harían copias para los líderes, tal y como se había hecho en Buenos Aires.

Al cabo de un tiempo recibí copias de contratos de tres editores diferentes para un libro sobre discipulado: Logos, Creation House y Bethany. Nunca imaginé que el pedido era para imprimir un libro. ¡Siempre les había dado permiso a todos para que usaran el material libremente! De modo que les respondí a cada uno diciendo que no podía firmar ningún contrato bajo esos términos, que el malentendido había sido mío. Renuncié al beneficio de las regalías y les pedí que decidieran de una manera cristiana quién publicaría el libro.

Bethany se dio por vencida. Pero Logos y Creation House quedaron en hacer una versión cada una. Por eso es que hay dos versiones en inglés de mi libro, publicadas con el mismo material. Por algún motivo, el libro de Creation House tuvo más éxito y vendió muchos más ejemplares. Lo tradujeron a los principales idiomas y vendieron miles de copias, cosa que continúan haciendo. El libro encendió una tormenta de invitaciones para predicar por el mundo y viajar casi se convirtió en un trabajo de tiempo completo.

LA FAMILIA Y LOS VIAJES

En mi hogar, una vez al mes teníamos una reunión familiar. Era un método que funcionaba muy bien. Después de la cena, nos sentábamos en círculo, orábamos y abríamos la sesión. En ese momento, todos tenían la libertad de conversar cualquier asunto que le preocupara en la familia. Martha, los niños y yo podíamos mencionar cualquier cosa que estuviera en nuestros corazones sin temor a ser regañados. Era como una reunión de directorio de la familia.

Hacia el final, tratábamos las soluciones a los desafíos y todos acordábamos aceptar y cooperar con esa solución. Cualquiera podía convocar a una reunión extraordinaria si el problema era urgente y no podía esperar a la reunión siguiente. Tratábamos con la disciplina de los niños y ellos nos presentaban sus quejas.

En una oportunidad, luego de uno de mis viajes, mis hijos y mi esposa acordaron presentarme su frustración. Necesitaban más de mí en casa. Yo viajaba y a mi regreso pasaba la mayor parte del día en la oficina de la iglesia. La opción que me presentaron fue drástica. Ser pastor y viajar era demasiado. Debía escoger una sola cosa.

Hablé con mi grupo célula, así como con los ancianos de la iglesia, y me propusieron una solución intermedia. Viajaría y cuando estuviera en casa, solo predicaría los domingos y tendría la reunión con ellos, pero dejaría de asistir a la oficina durante la semana. Dos de los ancianos recibirían un salario de tiempo completo y estarían en la oficina.

Mi familia aceptó y la cosa funcionó. Cuando estaba en casa, tenía tiempo para dedicarme a la familia, llevaba a mis hijos al parque y jugaba con ellos. Eso funcionó bien por un tiempo.

En ese entonces Argentina estaba lejos de la mayor parte del resto del mundo, y en esa época no contábamos con vuelos directos desde Buenos Aires a África, Asia y Australia. Algunos de los viajes terminaban siendo ausencias muy prolongadas. La mayoría de los vuelos debían ser a través de Miami, Nueva York o Los Ángeles. Los pasajes eran muy caros, entonces, para justificar el dinero que costaba el boleto, tenía que quedarme disertando durante períodos largos, auspiciado por muchas iglesias u organizaciones que compartían el costo de mi viaje. Muchas veces me ausentaba por dos semanas, tres o a veces por un mes entero. Eso era insoportable para la familia. Así que en una de esas reuniones nos ocupamos de la solución a este desafío. La respuesta era mudarnos a Nueva York, Miami o Los Ángeles, para estar más cerca del mundo y hacer viajes más cortos. Mis ancianos estuvieron de acuerdo, elegimos a uno de ellos, Antonio Vigilante, para que se convirtiera en pastor, y Martha y yo decidimos pensar cuidadosamente acerca de esta movida. Por otro lado, habíamos hecho buenos amigos en Estados Unidos que constantemente nos invitaban a mudarnos. El otro motivo que me ayudó a tomar la decisión fue que no quería que «El movimiento» en Buenos Aires terminara siendo una denominación, cosa que estaba por suceder.

Muchos pastores que fueron expulsados de sus denominaciones encontraron cobijo en nuestro grupo. Al principio se respetaron las tradiciones y las convicciones de cada uno. Sin embargo, comenzamos a no estar de acuerdo en cuáles eran los elementos esenciales y los no esenciales.

Para este tiempo comenzamos a perder a muchos pastores y el grupo comenzó a discutir nuestras creencias como tales. Siempre creí que debíamos continuar siendo un movimiento y que cada uno debía permanecer en su denominación. También, muchas denominaciones comenzaron a aceptar este movimiento y poco a poco uno podía formar parte del mismo sin abandonar su denominación. Algunos de los pastores expulsados de su denominación fueron invitados a regresar. Así que no necesitábamos otra denominación.

En realidad, una de las mayores ganancias durante este movimiento fue el enriquecimiento teológico y tradicional de unos a otros. Yo amaba mi denominación, las Asambleas de Dios, y siempre seguí asistiendo a la Asamblea General y a las convenciones desde mi creencia de que «hay una sola iglesia».

Comencé a percibir síntomas de que el «movimiento» había terminado su ministerio. Ahora los principios se compartían con todo el mundo, pero había otros elementos que me hacían pensar con cautela. Era una importante decisión dejar esa iglesia maravillosa en Buenos Aires.

Otra cosa que me preocupaba era trasladar a nuestros hijos de la buena escuela a la que asistían, el Colegio Ward, a otra comunidad educativa. Así que primero viajé solo a Estados Unidos para hablar con mis amigos y percibir las posibilidades. También quería que mi familia fuera a Estados Unidos a probar antes de mudarnos, y ver si se adaptarían a la nueva forma de vida, ya que mis hijos estaban atravesando una edad crítica para ese cambio.

¿SERÁ CALIFORNIA?

Mis amigos de California eran fantásticos. Don Widmark fue la persona clave para mi mudanza allí. Oyó acerca del Movimiento de Renovación Espiritual en Argentina y viajó para verlo. Él fue quien me invitó a mi primer viaje a California y me llevó junto a mi cuñado Miguel A. Pujol en su automóvil por la costa oeste de los Estados Unidos, desde Los Ángeles a Vancouver, Canadá. Luego cruzamos desde Vancouver a Toronto, y finalmente bajamos por la costa este de la nación hasta el estado de la Florida. ¡Vaya viaje!

En este primer viaje ministramos en Charlotte, Carolina del Norte, a un grupo de líderes en lo que ahora es la Red de televisión Trinity (conocida como Enlace en América Latina). Eso fue en los comienzos. En este segundo viaje a California, Don Widmark me presentó a sus amigos: Jorge Mc Lean, el doctor Lamar Price, Hall Ezell y otros. Ellos pusieron todo lo que eran y tenían a nuestro servicio, amistad, casas y dinero. Estoy profundamente agradecido con cada uno de ellos.

Me invitaron con toda mi familia a mudarme a California. Sim embargo, como aún no estaba seguro, invitaron a toda mi familia de visita pagando todos los gastos, así podían ayudarme a tomar la decisión. Nos ofrecieron sus casas para que experimentáramos cómo era vivir en este país. Me proveyeron de una casa rodante para doce personas, aunque solo seríamos seis.

Llamé a Martha a Argentina para darle la noticia. Les pedí que todavía no trajeran nada, ni siquiera maletas, solo la ropa que llevaban puesta. Tan pronto como llegaron fuimos a un centro comercial a comprar de todo para todos. Esos eran los regalos de mis amigos, y la familia no podía estar más entusiasmada. Viajar sin valijas y esperar ropa nueva. ¡Qué gran vacación para mis hijos!

Estos amigos nos adoptaron como a su propia familia, debido a su amor nuestra mudanza fue mucho más sencilla que para muchos otros inmigrantes. No sufrimos un choque cultural intenso, pues la adaptación se produjo suavemente. Don Widmark preparó un programa para visitar iglesias desde Los Ángeles, donde habíamos estado en un viaje anterior, hasta Eureka.

En esta casa rodante, el viaje fue muy interesante por los lugares que visitamos y la aventura que representó para nuestros cuatro hijos. Ubicábamos la casa rodante en el estacionamiento de las iglesias y vivíamos allí.

Visitamos Orange County, Los Ángeles, Santa Bárbara, Solvang, Santa María, San Luis Obispo, la autopista de la costa número 1, Monterrey, Carmel, Santa Cruz, Cupertino, el área de la bahía, San Francisco, Santa Rosa, los Redwoods y Oregon. Allí vimos a Luis Palau. La mayor parte de las invitaciones provenían de pastores que me habían escuchado en Lausana o habían leído mi libro *Discípulo*. ¿Te imaginas un don como ese para este pobre argentino y su familia? ¡Hicimos amigos en cada uno de esos lugares! Nunca pensé que podía darle este trato a mi familia.

En este viaje, cuando llegamos a Cupertino, en el área de la bahía, y luego del servicio, la gente hizo fila para saludarme y vi una cara conocida esperando. Ese caballero se me acercó y me dijo en perfecto español:

—Vine porque tengo un volante que dice que un argentino vendría a hablar en esta iglesia. Fui misionero de las Asambleas

Danny y Vera Darling, mi amado yerno e hija. (1997)

Nuestra nieta mayor, quien se graduó en junio 2010 de periodista y escritora en la Universidad de Oregon, junto a sus padres, Danny y Vera Darling.

Nuestro amado nieto Sean Patrick Darling junto a su abuela Martha Ortiz. (2010)

Graduación de la escuela secundaria de Alan Christopher Darling, junto a sus padres Vera y Danny y su hermano mayor Sean Patrick. (2010)

Graduación de nuestro hijo mayor David Pablo Ortiz, Westmont College, Santa Barbara, California. (1984) Título: Economía y Comercio.

David y Suzanne Ortiz, nuestros amados hijo y nuera (1999).

Megan Yada Ortiz, única hija de David y Suzanne, con su perrito Tommy, Tom Sawyer, (2008). Megan es nuestra nietita menor, nacida en Thailandia.

Georgina Martha Ortiz, nuestra hija menor. (2010).

Robert Wayne Dye, en esta foto tenía 17 años, hijo mayor de Georgina y nuestro cuarto nieto (2010).

Kelsie Katelynn Dye, 15 años, hija de Georgina. (2010). Nuestra quinta nieta.

1990 fue el año cuando comenzamos La Hora de Poder en español, que se pasaba en 12 países latinoamericanos, en Los Ángeles, en el Estado de Washington y en Puerto Rico (de izquierda a derecha: Phil Roberts, director de ambos programas, anglo e hispano. Luego yo con mi toga, mi esposa Martha, editora del programa, y mi yerno Danny Darling, el anunciador).

Muchos me dijeron que me equivoqué de carrera, que tendría que haber sido un comediante, pero Dios en su plan me eligió para servirle a él. En esta foto predicando en la conferencia para pastores en la Catedral de Cristal: Churches Uniting in Global Mission – (1992)

La misma conferencia de pastores en la Catedral de Cristal. A mi izquierda, el Dr. Bruce Larson, quien era pastor asociado del Dr. Robert H. Schuller en esos días. (1992)

Oficiando un bautismo en la Catedral de Cristal (1997), junto con el pastor de jóvenes del ministerio hispano, ahora Dr. Lucas Leys.

de Dios en Argentina, y uno de los fundadores de un seminario bíblico, el Instituto Bíblico Río de la Plata. Trabajé allí durante muchos años, así que amo a la Argentina y vine a oír a un argentino.

—Yo lo conozco —respondí—, usted es Bob Thomas y vino a predicar a nuestra iglesia italiana dos o tres veces cuando yo tenía entre 14 y 16 años. Pablo Mingrino era entonces mi pastor. Nunca pude hablar con usted, pero admiré la forma en que predicaba y terminé yendo a la escuela bíblica que usted ayudó a fundar.

El hombre comenzó a llorar y dijo:

—Entonces… eres uno de los alumnos de nuestro seminario. Por favor, ven a quedarte con nosotros junto con tu familia. Dios me lo está diciendo. Quiero tanto a la Argentina que deseo ser tu amigo en Estados Unidos.

Le comenté que unos amigos me habían invitado a quedarme en el sur de California, pero que no había decidido aún si mudarme o no, que estábamos orando sobre ello y que pronto lo decidiríamos. Desde ese momento nos hicimos muy buenos amigos. ¡Bob y Margaret Thomas amaban Argentina con todo su corazón!

Mientras predicábamos en una gran iglesia de las Asambleas de Dios en Santa Rosa, California, y enseñábamos en su escuela bíblica llamada *Génesis*, descubrí que había sido invitado porque el director de la escuela había leído mi libro *Discípulo*. Él había organizado de tal manera su escuela que los alumnos de primer año eran discipulados por los de segundo año, estos por los de tercer año, los de tercer año por los de cuarto, y los de cuarto por los profesores. ¡Un verdadero trabajo de discipulado!

PARA REFLEXIONAR: No es tan común que a una persona sin recursos económicos se le dé la oportunidad de mudarse con toda la familia a los Estados Unidos y que sea tan fácil. Mi familia vino sin valijas y tuvimos ofrecimientos no solo de casas estables para quedarnos a vivir, sino hasta de una casa rodante y un viaje turístico para que mi familia decidiera si le gustaba el país o no.

CAPÍTULO 20
Posibilidad confirmada

Una mañana me desperté en nuestra casa rodante en el estacionamiento de cierta iglesia con la convicción de que teníamos que mudarnos a Estados Unidos. Se lo dije a Martha y a los chicos, y ellos se entusiasmaron mucho, todos juntos dijeron: «¡Bravo!».

En nuestro camino de regreso, le informé a Bob Thomas en Cupertino acerca de nuestra decisión y nos invitó a formar nuestro hogar allí. Nos dio hospitalidad a los seis en su hogar hasta que hallamos un condominio para alquilar. Él y su esposa fueron los mejores anfitriones.

Margaret y Bob Thomas eran pastores de una iglesia en Los Altos, California. Inicialmente ellos me adoptaron como su misionero. Nos solventaban para que nos convirtiéramos en residentes permanentes y nos pagaban el seguro médico para toda la familia. No habíamos traído nada de Argentina. El pastor asistente de nuestra iglesia en Buenos Aires, Antonio Vigilante, se convirtió en ministro principal y se mudó a nuestra casa en la zona de La Reja. Como el lugar era grande, también se utilizaba para retiros de liderazgo, y la iglesia se ocupó de cuidarla hasta nuestro regreso.

Bob Thomas tenía a toda su congregación organizada en grupos pequeños y le pidió a cada grupo que se ocupara de arreglar una habitación de nuestra casa con muebles, ropa, ornamentos y todo lo necesario para el dormitorio principal, la habitación de los niños, la habitación de las niñas, la cocina, la sala, el cuarto de estar y el comedor. También otros grupos traían juguetes para nuestros hijos. Trajeron todo tipo de cosas, incluyendo una bicicleta para cada uno. Los niños tocaban el cielo con las manos.

Mi hija menor, que solo tenía cinco años, ¡pensaba que todo Estados Unidos era Disneylandia! Cada día llegaba un camión con cosas nuevas. De noche alguien nos traía una cena completa para la familia mientras nos estábamos acomodando. ¡Era puro amor! Esto nos ayudó mucho, porque lo que extrañábamos más era el amor de nuestra iglesia y nuestros amigos en Argentina, en especial de nuestros ancianos.

Al principio nuestros hijos fueron a la escuela pública y los enviamos como en la Argentina, con un blazer, corbata y zapatos lustrosos. Los demás niños iban más informales y se burlaban de ellos. Argentina sigue el sistema europeo de escuelas y en el Colegio Ward el código de uniforme era muy estricto, como en la mayoría de los colegios privados. Luego cambiamos a nuestros hijos a la escuela secundaria cristiana Valley Christian en Saratoga, California.

Mi agenda para predicar en las iglesias, las conferencias, los retiros de pastores, etc., de todas las denominaciones incluyendo a las iglesias católicas, estaba llena con tres años de anticipación. Mi enseñanza sobre el discipulado en esos días era revolucionaria. Todos querían saber de ella, especialmente las iglesias carismáticas, además de los católicos carismáticos.

El alquiler en el área de la bahía era muy caro y no quería derrochar dinero. Mi intención había sido encontrar una casa cómoda para la familia y comprarla. Así que empezamos a buscar con cautela, hasta que finalmente hallamos la casa que demostró ser adecuada. Contaba con cinco dormitorios, una sala de estar y una pequeña piscina.

Para comprar una vivienda así necesitábamos entregar por lo

menos el veinte por ciento del costo de la casa por adelantado. Cuando decidimos hacerlo y llegó el momento de pagarlo, por sorpresa recibimos un cheque importante de la editorial Creation House y otro de la publicadora Logos. Me dijeron que aunque yo había renunciado a las regalías, de todos modos me las pagarían, pues el libro se estaba vendiendo muy bien. Créase o no, el monto que recibí fue la cantidad exacta que necesitaba para pagar el adelanto de la bonita casa que queríamos comprar.

Cuando fui a la oficina de préstamos en San Francisco para pedir uno, nuestros papeles para la residencia estaban aún en proceso. No teníamos seguro social, ni crédito establecido ni tarjetas de crédito. No tenía trabajo ni salario. Mi trabajo era predicar por el mundo y mi paga eran las ofrendas. Así vivíamos y el Señor siempre había sido fiel. Cuando el banco me entregó la solicitud, escribí mi nombre, mi dirección, el país donde nací, el teléfono, que tenía una familia de seis personas para mantener… y eso fue todo. Cuando el hombre tomó la solicitud, preguntó:

—Señor, ¿quién es su empleador?

—No tengo —respondí.

—¿Cuánto gana por año?

—No sé, a veces más y a veces menos. Me invitan de todo el mundo y recibo honorarios. No puedo predecir cuánto ganaré en un año.

—Entonces cuánto puede pagar por mes.

—Bueno, para mí cualquier cifra da igual, porque mi jefe es Dios y él me provee de acuerdo a mis necesidades. Hasta ahora, nunca nos faltó nada y confío en que seguirá siendo así.

—¿Pero cómo puede demostrar que seguirá siendo así?

—Bueno —contesté—, tengo mi agenda de invitaciones llena por tres años.

Él respondió:

—¿Lo puede demostrar?

—Bueno… —dije— hoy antes de llegar a su oficina pasé por el correo y aquí está el de hoy.

Abrí mi maletín y le mostré la correspondencia recibida ese día. Para su sorpresa, y también para la mía, había una invitación para ser uno de los disertantes en el Desayuno de Oración Nacional en Washington D.C. También había otra carta de la iglesia anglicana para hablar en una conferencia de SAMS, (South American Mission Society) en Londres, Inglaterra. La carta tenía como encabezado el escudo del Arzobispo de Canterbury. La tercera era una invitación para ser disertante en una conferencia muy grande en Taiwan, donde se reunirían 2.500 líderes.

Él se quedó muy impresionado y me preguntó si podía fotocopiar esas cartas. Le di permiso. Alrededor de media hora después el hombre volvió con las cartas y me dijo:

—Señor, se le ha otorgado el préstamo, no por lo que tiene, sino por quién es. En aproximadamente una semana dispondrá del cheque.

¿Piensas que fue un milagro? Nosotros sí.

En esa época seguíamos asistiendo a la iglesia en Los Altos Hills, donde el pastor Bob Thomas era el ministro. Allí había muchos ingenieros electrónicos que trabajaban para compañías importantes en el Silicon Valley, como Hewlet Packard, Apple y demás. Varios de ellos habían solicitado préstamos similares al nuestro y no podían creer que con todas las desventajas que teníamos nos otorgaran tan rápido nuestro crédito. Ellos disfrutaban de todo lo que nosotros no teníamos: eran ciudadanos estadounidenses, tenían buenos empleos en grandes compañías, tenían crédito establecido y ahorros. Y nosotros obtuvimos el préstamo mucho antes que cualquiera de ellos. ¡Sí, por cierto que fue un milagro! ¡Toda la gloria a nuestro Dios Padre!

Seguimos asistiendo al «Foothill Christian Center» en Los Altos, California durante cuatro años más hasta que Bob Thomas se jubiló y vino un pastor nuevo. El pastor Thomas se mudó a Prescott, Arizona, pero continuamos con nuestra estrecha amistad y trabajando juntos en misiones a América Latina: Argentina, Bolivia, Perú, Guatemala, México, Brasil y otros países.

Él y su esposa hablaban español a la perfección; él casi sin acento. Había fundado un ministerio llamado Juan 17:21 cuyo propósito era promover la unidad de la iglesia. Esto nos llevó a hablar con arzobispos de la iglesia católica en Latinoamérica.

Incluso concelebramos misas con algunos de ellos.

Otro amigo en común, también misionero, Bill Finky, tenía un pequeño avión y los tres volábamos a varios países, siempre promoviendo Juan 17:21. Bob y Margaret Thomas envejecieron, pero continuamos nuestra estrecha amistad hasta que Bob partió para estar con el Señor. Tuve el privilegio de estar a su lado en los últimos momentos de su vida.

OTRO MILAGRO EN LA FAMILIA

Era el mes de junio de 1988, casi al final de ciclo lectivo, y en pocos días la familia iba a viajar conmigo de vacaciones a Argentina. Martha estaba sola en casa. David aún estaba en el Westmont College en Santa Bárbara. Robert John enseñaba música en el De Anza College, en Cupertino, y Georgina se encontraba en casa de una amiga mientras yo ministraba en Australia. Vera trabajaba tiempo parcial en un restaurante cercano, a unos tres kilómetros de nuestra casa. Siempre les enseñamos a nuestros hijos que, si por cualquier motivo llegarían tarde a casa (un neumático pinchado o cualquier demora), debían avisar. No existían los teléfonos celulares en esa época, pero sí muchos teléfonos públicos.

Ya hacía rato que Vera debía estar de regreso. No hubo ningún llamado y Martha comenzó a preocuparse. El tiempo transcurría y Vera no llegaba. Eran las 8 de la noche, luego las 9, y seguíamos sin noticias. De repente sonó el teléfono. Martha corrió esperando oír la voz de Vera, pero era Robert John llamando desde su trabajo. Dijo: «Mamá, tengo noticias de Vera; siéntate, cálmate, ella está bien». Para ese entonces, Martha estaba imaginando un accidente o alguna otra mala noticia. Por cierto no eran buenas nuevas. La llamada telefónica le había sido hecha a Robert John desde una comisaría de Cloverdale, California del norte, que estaba aproximadamente a seis horas en auto de donde vivíamos.

Cloverdale… ¿Cómo es que está en Cloverdale? La historia es la siguiente:

Había un muchacho mexicano en el restaurante donde Vera trabajaba que estaba enamorado de ella. Para el día de San

Valentín, llegó con una cadena de oro con un corazón para entregarle. Vera le dijo que no la aceptaba porque no estaba enamorada de él. El joven tuvo un enfrentamiento con nuestra hija. Así que ese día planeó cuidadosamente un secuestro.

Una tarde, cuando Vera salía de su trabajo en el restaurante para regresar a casa, alguien desde atrás le tapó los ojos y entre dos hombres la pusieron en una camioneta cerrada y se la llevaron. Ella no tuvo oportunidad de gritar, ya que también le cubrieron la boca y había sido tomada por sorpresa.

Fue un viaje largo y estaba en la parte trasera de la camioneta que no tenía ventanas. No tenía idea de hacia dónde la llevaban. Después de una hora se las arregló para mirar y se dio cuenta de que habían pasado San Francisco y cruzado el Golden Gate, de modo que supo que se dirigían hacia el norte.

Después de una hora más, les preguntó a los muchachos si podía pasar adelante porque no se sentía bien, y la dejaron. Se sentó entre los dos que estaban tomando cerveza sin parar y uno de ellos sostenía un revolver en la mano. Más tarde, Vera les preguntó si podía ir a un baño, y le permitieron salir de la camioneta para ir tras unos arbustos. El plan de Vera era intentar escapar, pero por ahora estaban en medio del campo, así que no podía gritar ni hacer nada.

Después de aproximadamente unas cuatro horas, la camioneta se estaba quedando sin gasolina y Vera permanecía sentada en medio de los dos hombres, cantando *Maravillosa Gracia* y otras canciones, y por supuesto, orando todo el tiempo. Cuando se detuvieron en la gasolinera en un área rural, había solo un joven en el kiosco. Uno de los hombres se quedó con Vera dentro de la camioneta mientras el otro cargaba combustible. El que manejaba tenía el revolver en la mano y estaba leyendo un mapa con la ventana abierta. De repente, el viento hizo volar el papel con la dirección escrita del lugar al que se dirigían. Durante el viaje, el muchacho enamorado le dijo a Vera que tenía lista una fiesta de bodas y un vestido de novia...

Cuando se voló el papel con las instrucciones, el hombre del volante corrió detrás de él, y Vera, sin esperar un segundo, corrió tan rápido como pudo hacia el kiosco, gritando: «¡Ayúdenme, ayúdenme, me están secuestrando!». El joven del kiosco tomó a Vera del brazo, la ubicó en un cuarto lateral que se usaba como depósito, la encerró y llamó a la policía. En unos minutos llegó la policía y los dos muchachos se escaparon a toda velocidad. Nunca más se los volvió a hallar, ni en el camino ni en Cupertino. La policía supuso que probablemente regresaron a México.

Martha y Robert John fueron de inmediato a Cloverdale para traer a Vera a casa. El viaje de regreso les daba miedo y la policía escoltó a Martha, Robert John y Vera durante un tramo, luego les recomendó que regresaran a casa vía Oakland, ya que las autopistas 101 y 280 resultaban ser las que probablemente los muchachos hubieran tomado. Era una noche oscura, solitaria y llovía a cántaros. Condujeron hasta casa agradeciendo a Dios por salvar la vida de Vera de las manos de esos criminales.

Cuando llegaron a casa era aún de noche, alrededor de las seis de la mañana. Había cuatro coches de policía esperándolos frente a nuestro hogar con las luces de sus autos dando vueltas. Cuando Martha vio eso se dio vuelta para ir a algún otro sitio, pero se le acercó un auto de policía y le dijo que estaban allí para protegerlos. Les pidieron permiso para revisar la casa con el fin de asegurarse de que los dos hombres no estuvieran ocultos allí para matarlos. Luego de buscar en cada rincón de la casa, el policía a cargo entró para hablar con ellos y les aconsejó qué hacer y qué no hacer en los días subsiguientes. El policía le dijo a Vera que Dios realmente le había salvado la vida, porque en la mayoría de los casos el noventa y nueve por ciento de las muchachas secuestradas mueren asesinadas.

Dos días más tarde regresé de Australia y David del Westmont College, y le agradecimos a Dios por el milagro de Vera. A la semana siguiente decidimos irnos todos de vacaciones a Argentina.

PARA REFLEXIONAR: El Señor siempre provee para nuestras necesidades sin siquiera preguntar y nos cuida.

«Más bien, busquen primeramente el reino de Dios y su justicia, y todas estas cosas les serán añadidas» (Mateo 6:33).

CAPÍTULO 21
Ingreso al mundo presbiteriano

Cuando nuestro amigo Bob Thomas se retiró de su iglesia y se mudó a la ciudad de Arizona, comenzamos a buscar otro lugar de las Asambleas de Dios al cual asistir. Para ese entonces, Joe Lewis, un ex miembro de la iglesia de Bob Thomas, empezó a asistir a la Iglesia Presbiteriana de Menlo Park y nos invitó a asistir a esa congregación. ¿Presbiterianos? ¡Nosotros éramos pentecostales! Sim embargo, se nos dijo que tenían la mejor música en el área de la bahía. Soy amante de la música, así que decidimos visitar esa iglesia aunque fuera una sola vez.

Al llegar nos sentamos al lado de una señora que después supimos que se llamaba Joyce Duecker. Ella nos preguntó si visitábamos la iglesia por primera vez y le dijimos nuestros nombres. Al escucharnos atentamente, nos preguntó de dónde éramos debido a nuestro acento. Cuando le dijimos que éramos argentinos, respondió: «¡Qué coincidencia! Yo encabezo un grupo misionero de oración en nuestra iglesia y estamos orando por Argentina todos los martes, ¡por favor, vengan a visitar nuestro grupo para hablarnos sobre Argentina!».

¡Increíble! Ella estaba deseosa de conocer todo lo posible acerca de nuestro país. En ese lugar habría unos 3.500 miembros, distribuidos en tres servicios dominicales. Imagina la coincidencia, ¡sentarse al lado de la señora Duecker! Después del servicio nos presentó a algunos miembros del grupo. Nos hicimos amigos en la primera visita. Así que prometimos visitarlos de nuevo. A través del amor, la comunión y la amistad, nos quedamos allí y nos hicimos presbiterianos. Semanas después asistimos a la clase de membrecía y nos hicimos miembros de esa congregación.

Nunca jamás soñamos con la oportunidad del cambio y la mejora que esta situación traería aparejada a nuestra familia y al ministerio. El hecho de ser miembros de una iglesia presbiteriana nos abrió la puerta a la mayoría de las iglesias históricas. El habernos sentado al lado de la señora Dueker no fue una coincidencia, sino parte del plan que Dios tenía para nosotros.

Martha y yo decidimos ser miembros normales de esa iglesia, así que no le dije a nadie que era predicador. Por supuesto, mi familia asistía constantemente a los servicios del día domingo y pronto nuestros hijos se involucraron en el ministerio de jóvenes. En cuanto a mí, la mayor parte de los fines de semana estaba en algún otro lugar predicando o enseñando.

Después de un año de congregarnos en esa iglesia, fui invitado a predicar durante una semana en una iglesia presbiteriana muy grande en College Hills, Cincinnatti. Su pastor era Jerry Kirk. Al preguntarme cuál era mi iglesia, le contesté que era la Iglesia Presbiteriana de Menlo Park. Su segunda pregunta fue: «¿Qué hacían conmigo entonces en esa congregación?». Yo le respondí que no le habíamos dicho a nadie quiénes éramos. Queríamos ser miembros normales en algún sitio.

Jerry Kirk resultó ser un gran amigo de nuestro pastor Walter Gerber y lo llamó para decirle:

—¿Sabes quién es miembro de tu iglesia? Juan Carlos Ortiz.

—Vi a un Juan Carlos Ortiz en la computadora, pero no es el que escribió el libro *Discípulo*, ¿no? —respondió el pastor Gerber.

—¡Sí, es ese! —le dijo el Dr. Kirk.

¡Otra coincidencia!

AMIGOS, NUESTRA GRAN NECESIDAD

Tan pronto como regresé a casa, un anciano de la iglesia enviado por el pastor vino a visitarme y me comentó que el pastor quería verme. Al reunirme con él me preguntó qué podía hacer por mí, quería ayudarme en mi emprendimiento. Le dije que siempre había pertenecido a un grupo pequeño y que era eso lo que más extrañaba desde que había llegado a esa iglesia.

Entonces llamó a cinco parejas. Joe Lewis, el amigo que me invitó a la iglesia, Max Rondoni, el doctor Bill Klausen, el doctor Robert Faisant y John Shenk, todos con sus esposas. Luego se agregó el Dr. Jeroy Webber. Nos unimos a este grupo para formar una célula y nos convertimos en grandes amigos. Rápidamente aprendimos a amarnos. Eso llenó mi necesidad del compañerismo, la amistad y la responsabilidad que solía tener en Buenos Aires y más tarde con el grupo de Bob Thomas. Todas estas personas son hasta hoy día nuestros amigos. Nosotros continuamos viajando y siendo grandes amigos de Bob Thomas hasta que falleció. Teníamos la misma edad que estas nuevas cinco parejas y nuestras esposas se hicieron también muy amigas.

Al siguiente mes de diciembre, mi amigo Joe Lewis vino a traernos leños para nuestra chimenea y advirtió que nuestra casa estaba muy fría. Entonces preguntó si nuestro sistema de calefacción funcionaba. Le dijimos que sí, pero que desde mediados de diciembre no había tenido invitaciones para predicar debido a las festividades y uno de los recortes para ahorrar dinero era no encender la calefacción. Me preguntó acerca de mis ingresos y sobre cómo vivía. Le dije que vivía de ofrendas, nunca sabíamos cuánto sería el monto y no contábamos con honorarios fijos. Vivíamos por fe día tras día y siempre teníamos lo que necesitábamos. Esto nos parecía normal a nosotros, pues habíamos vivido de esta forma durante toda nuestra vida. Sin embargo, mi amigo parecía confundido, ¡no podía creerlo! «¿Cómo puedes vivir sin saber cuánto vas a ganar?», me dijo.

Se lo contó al pastor Gerber, quien le pidió a nuestro emérito pastor, Bob Munger, autor del folleto *Mi corazón, el hogar de Cristo*, que formara una corporación ministerial para mí y que fuera el presidente de mi junta directiva. Así nació el Ministerio Juan Carlos Ortiz. Mi pequeño grupo de célula se convirtió en el directorio, y desde entonces tuve un salario fijo. Coloqué todos mis honorarios en el ministerio y mi directorio me garantizó un salario fijo aun cuando no viajaba por enfermedad o por unas cortas vacaciones. Esto trajo gran seguridad y estabilidad financiera a nuestra familia. Cada persona debería pertenecer a un grupo pequeño de célula.

LA IGLESIA CATÓLICA Y LA IGLESIA PRESBITERIANA

Realicé misiones bajo nuestro ministerio JCOM (Ministerio Juan Carlos Ortiz) y también el de una empresa conjunta con Bob Thomas. Una de esas misiones se realizó en Salta, Argentina. Allí la religión oficial es la católica, pero Salta es la provincia más conservadora y católica. Así que fui a visitar al arzobispo católico y en pocas palabras le expliqué que había nacido protestante y que Dios me había llamado a predicar el evangelio.

Agregué: «Nosotros, los protestantes, creemos que ustedes no evangelizan a su gente, pero cuando nosotros predicamos a Cristo, muchos católicos se convierten y entonces formamos una glesia protestante en ese lugar. Si ustedes evangelizaran a su gente, no necesitaríamos ir nosotros, pero como no es así, nos sentimos excusados de ir. Me gustaría ayudarlo a evangelizar a su gente; si acepta nuestra ayuda no necesitaremos abrir nuevas iglesias en su región». Él respondió: «Lo pensaré y le responderé».

Después de un mes recibí una carta del arzobispo que decía: «¿Cómo podemos evangelizar a nuestra gente si nuestros propios sacerdotes no están evangelizados? Por favor, venga y evangelice a los sacerdotes de nuestra Diócesis».

Le presenté la carta a mi directorio y a mi amigo Bob Thomas, y destinaron 25.000 dólares para este proyecto. Rentamos un hotel para turistas en la ciudad de Rosario de la Frontera, provincia de Salta, durante una semana. Organizamos un retiro con casi cien sacerdotes y pastores de toda la Diócesis de Salta. Los maestros eran el padre Navarro (católico carismático), Bob Thomas y yo. Fue toda una semana desde la mañana hasta la noche. Enseñamos evangelismo, discipulado, mayordomía, la experiencia del Espíritu Santo, etc. El arzobispo no se perdió ni un minuto del retiro de una semana. El Espíritu Santo nos llenó, tanto a católicos como a protestantes. Muchas personas del personal del hotel recibieron a Cristo. Ver a sacerdotes y pastores abrazándose fue maravilloso. Fue una semana de milagros en donde el texto de Juan 17:21 se tornó real.

Como la iglesia católica enseña religión en las escuelas públicas de Salta, se decidió incluir parte de nuestras enseñanzas para evangelizar a los alumnos. Creo verdaderamente que la iglesia es una sola. Trabajamos juntos en perfecta armonía.

Otra cosa maravillosa sucedió a partir de la Iglesia Presbiteriana Menlo Park. En uno de mis viajes a Sudamérica, me invitaron a hablarle a un grupo en la casa del embajador estadounidense en Uruguay. Uno de los ancianos de la Iglesia Presbiteriana Escocesa de Argentina, el señor Bill Murchison, estaba presente. Me dijo que la iglesia escocesa de Buenos Aires, grande en el pasado, ahora tenía muy pocos miembros, mayormente ancianos. Tenían cinco edificios que necesitaban reparaciones. Uno de ellos era una catedral que estaba en el centro de Buenos Aires. Todos se encontraban casi vacíos, y ya no podían conservarlos. Pertenecían al presbiterio de Edimburgo, Escocia, que enviaba y sostenía a los pastores, pero en ese momento les estaban pidiendo que regresaran al país, porque no podían continuar manteniéndolos. Entonces me preguntaron si podía usar esos edificios para mi ministerio. Les transmití esta oferta a mi directorio y el doctor Munger llamó al jefe de nuestra denominación en Nueva York, la Iglesia Unida Presbiteriana. Ellos estaban demasiado ocupados con su fusión con otros presbiterianos y por el momento no podían iniciar misiones en Argentina. Así que llamó a la EPC, la Iglesia Evangélica Presbiteriana, y ellos respondieron con un resonante «sí». Teníamos cinco hermosos edificios en Buenos Aires con pequeños grupos de maravillosos ancianos escoceses presbiterianos con cultos en idioma inglés, salvo por una de las iglesias que estaba en Olivos, que funcionaban muy bien.

La EPC me invitó a realizar algunos estudios más y luego de aprobar los exámenes, cosa que me llevó bastante tiempo y mucho estudio, los presbiterianos aceptaron mi ordenación italiana. Ahora ya era oficialmente un ministro presbiteriano ordenado. El cambio no fue difícil para mí, porque mi profesor preferido, Pablo Sorensen, que dictaba la materia Romanos en el seminario bíblico, queriéndolo o no, me convirtió en una persona reformada.

Mis convicciones se reforzaron cuando me convertí en profesor de Romanos en mi escuela alma máter, el Instituto Bíblico Río de la Plata. También, aunque en mi juventud fui dispensacionalista, durante la renovación carismática de Argentina revisamos nuestras creencias y comprendí mejor la teología del pacto, la gracia y la soberanía de Dios.

La EPC me pidió si podía mudarme a Argentina como misionero. Esto sería por un corto período hasta hallar pastores que hablaran español y cubrir los servicios en esos edificios, a fin de dar inicio a un nuevo presbiterio de la EPC en español. Así comenzó una nueva era para los presbiterianos en Argentina. La cooperación de los pocos escoceses de habla inglesa ya existentes fue fantástica. Teníamos servicios en ambos idiomas.

LA IGLESIA PRESBITERIANA EN ARGENTINA

Volvimos a Argentina dispuestos a quedarnos para siempre o solo por un tiempo hasta regresar nuevamente a los Estados Unidos. Nos quedamos unos 18 meses. Nuestra Iglesia Presbiteriana de Menlo Park envió a un grupo en una misión breve que estaba conducida por Martha más de una vez. Eran personas jóvenes que se acababan de graduar en la Universidad de Standford. Algunos eran ingenieros y otros médicos, los cuales hicieron reparaciones en la catedral del centro y pagaron los materiales. Durante su estancia, este grupo encantador también llevó a cabo misiones en la escuela privada para niñas Northlands, donde algunas de ellas aceptaron a Cristo como su Salvador, y también ayudaron a reparar un orfanato.

Bob y Margaret Thomas regresaron a Argentina y fueron pastores de las personas de habla inglesa, mientras que yo buscaba a algunos de mis pastores y amigos argentinos, todos pentecostales, para que se volvieran presbiterianos y ocuparan estas posiciones.

En la actualidad, la presbiteriana de la EPC de Estados Unidos en Buenos Aires ya creció y se convirtió en una iglesia presbiteriana nacional con más presbiterios. Fue todo un éxito. Gracias al doctor Bob Munger, la EPC mantuvo a los primeros pastores durante varios años y envió misioneros. Menlo Park, mi iglesia, y mi directorio cooperaron enviando misiones cortas. Ahora existe una creciente iglesia presbiteriana en la Argentina.

No hice mucho en la Iglesia Presbiteriana de Menlo Park, puesto que viajaba continuamente. Solo hablé algunas veces y di inicio a la idea de la recepción de visitantes como un preludio a la membrecía. Sin embargo, quería registrarlo en mi libro, subrayar que lo que hicieron por nosotros y los demás fue por gracia. Este pastor supo ministrar y pastorear no solo a los miembros, sino también a ministros itinerantes como yo.

Como los miembros de mi directorio eran ancianos de la iglesia, siempre mantenían informado al pastor. Una vez invitamos al pastor Gerber a nuestro hogar y le dije: «Pastor, le estamos muy agradecidos por todo lo que hizo por nosotros y nuestro ministerio, ¿qué podemos hacer por usted?». Me respondió: «Juan Carlos, ¿no comprendes la gracia? ¿No puedes recibir algo sin dar algo a cambio?». Lo entendí. Desde ese momento comencé a hacer lo mismo, a vivir por gracia. Esta iglesia maravillosa nos ayudó a establecer nuestra corporación sin fines de lucro para nuestro ministerio y a fundar la Iglesia Nacional Presbiteriana en Argentina.

Aunque nos mudamos al sur, a Orange County, nuestra amistad continúa y seguimos en contacto con el grupo presbiteriano de Menlo Park. El doctor Bob Munger, primer presidente de nuestra junta, partió para estar con el Señor. Cada vez que vamos a la zona de la bahía nos reunimos, oramos y vemos a nuestros amigos de allí. Fuimos miembros de la Iglesia Presbiteriana de Menlo Park hasta que el doctor Schuller nos convocó a formar un ministerio hispano en la Catedral de Cristal.

Actualmente el presidente de la junta del JCOM es el señor Bob Ravenscroft, un hombre muy espiritual al igual que su esposa, quien además de ser un hombre de negocios tiene el ministerio musical más inspirador de muchas denominaciones a través de la palabra y la música. Conocimos a ambos en la Catedral de Cristal. El vicepresidente y miembro de la Catedral de Cristal, el pastor Rick Mysse, se desempeñó además en nuestra denominación. Es un consultor interdenominacional dedicado a la fundación de iglesias. Nuestro tesorero, el señor Jim Dawson, es un miembro muy comprometido con nuestra iglesia, hombre de negocios y dueño de Cavins Oil Co, una empresa petrolera. Por último, en nuestra junta consultora queda el doctor Robin Faisant, abogado de Atherton y miembro de la Iglesia Presbiteriana de Menlo Park.

EVANGELIZAR A LA CLASE ALTA DE CHILE

Mientras estaba en Estados Unidos, visitaba la Argentina casi todos los años. Nunca corté mi relación con la iglesia italiana, las Asambleas de Dios o el Movimiento de renovación. En uno de mis viajes visité a mi amigo, el pastor Néstor Soto de Santiago de Chile, y lo invité a asistir al Desayuno Nacional de Oración en Washington DC, una experiencia especial. Se sorprendió mucho con *The Fellowship*, una obra fantástica que nuestro amigo Doug Coe había iniciado.

El pastor Soto había sido ministro presbiteriano en Chile, pero su grupo estaba dividido por el movimiento carismático. Permaneció con un pequeño grupo de personas, pero sin edificio. Llevaban a cabo sus servicios en una iglesia prestada. Cuando conoció a *The Fellowship* en Washington DC, se le ocurrió hacer algo similar en Chile. Hablamos mucho sobre ello y comenzó un nuevo movimiento. Una iglesia sin edificio con algunas características de *The Fellowship*.

Le pedí que definiera la meta de su ministerio y a qué personas quería llegar. Me dijo que tenía una gran carga por la clase alta: políticos, docentes, profesionales, la gente de los medios de comunicación y personas de negocios. Todos eran católicos, pero no estaban evangelizados. Así que le di una idea muy diferente y fuera de lo común para armar una iglesia: organizar un cóctel cristiano con bebidas y emparedados en un lindo hotel céntrico.

—¿Bebidas alcohólicas? —dijo.

—Sí —respondí—. ¿Crees que vas a atraer a ese tipo de gente sirviendo Coca Cola en un cóctel?

—¿Pero cómo invitamos a personas de la clase alta?

—Dile a tu grupo que busque en su lista de conocidos, aunque no sean amigos íntimos, a los que ocupan lugares de importancia: políticos, médicos, abogados, personas de negocios y profesionales. Preparen una linda fiesta con artistas especiales y yo seré el disertante.

Néstor se ocupó del tema mucho mejor de lo que yo esperaba. Consiguió que fueran el arzobispo católico, el coro de la universidad estatal de Santiago, buenos músicos y buscó el mejor hotel. Su gente no solo tuvo éxito en la venta de entradas para el cóctel entre sus conocidos de clase alta, sino que los invitados pidieron que les vendieran entradas a sus amigos. ¡Fueron unas quinientas personas!

El arzobispo abrió la velada con una bendición. La música era muy especial. Las mesas estaban hermosamente decoradas y había muchachas muy bien vestidas en la recepción. Esa noche prediqué sobre el señorío de Cristo y cómo ser sus discípulos. Mi invitación fue muy directa, dije algo así: «Quiero que se conviertan en discípulos de Cristo. Vayan a las mesas de inscripción y escriban su nombre. Eso significa que asistirán a un grupo pequeño una vez por semana para aprender a ser un discípulo de Cristo».

¡Más de 200 personas firmaron! Así se inició un nuevo grupo. Comenzaron a reunirse en sus casas y una vez por mes se encontraban a desayunar en un lindo hotel. Más tarde, cuando el grupo creció, dieron comienzo a un desayuno regional y luego a uno nacional. Toda reunión es una pequeña fiesta.

Ahora este grupo se extendió a todo el país y todos los años organiza el Desayuno Nacional Chileno de Oración. Tienen un grupo celular en el Congreso y están conectados a *The Fellowship*, en Washington D.C.

Muchos políticos de Washington han hablado en sus desayunos. Tienen miles de conexiones sin contar con un edificio de iglesia. Usan todas sus casas y hoteles para las reuniones más populosas. Varias veces me invitaron a hablar y mantenemos una amistad estrecha con Néstor Soto y sus asociados. En una de mis visitas fui invitado a hablar en la hacienda de un congresista a un gran grupo de sus amigos de esa área.

Cuando se lo comenté a mi junta en Menlo Park, el doctor Bill Clausen y la doctora Marilyn Clausen, ambos anestesistas de un hospital del área de la bahía, invitaron a varios de sus colegas antes de Navidad a un cóctel por la festividad. Algunos eran musulmanes, otros budistas y judíos. Hablé un poco sobre Mahoma, Buda y Moisés, con el objeto de establecer un contacto y subrayar que eran profetas; pero expliqué que necesitábamos más que profetas que nos exhortaran a no pecar. Necesitábamos a un Salvador que nos salvara de nuestros pecados. Algunos recibieron a Cristo y se unieron a la Iglesia Presbiteriana de Menlo Park.

También, mientras vivía en Estados Unidos, en uno de mis viajes a Argentina, comenzamos con el pastor Miguel Robles, uno de mis amigos que se convirtió en pastor de la nueva iglesia presbiteriana en Buenos Aires, un grupo de oración en la oficina del señor Russo, una persona muy influyente en Argentina y un católico cristiano muy comprometido, que vivía en el famoso barrio de Recoleta. Más tarde, este grupo de oración se convirtió en el Desayuno de Oración de Argentina para políticos y cristianos que oraban por el país.

El pastor Robles partió con el Señor, y el Sr. Bill Murchison, cristiano comprometido y exitoso hombre de negocios, tomó el liderazgo de este ministerio ecuménico. Bill y Mary Murchison también son unos queridos amigos nuestros.

En una oportunidad, Martha y yo fuimos invitados a su estancia en la provincia de Córdoba. Él pilotea su avión privado. Personas de todo el mundo van a su estancia a cazar ciervos.

Tienen hermosos caballos y muchos empleados que mantienen el lugar. Una noche invitó a todas las mucamas, los jardineros y obreros, y tuvimos una gran reunión evangelística para todos los empleados.

Bill y Mary son una pareja dedicada que sirve al Señor donde quiera que estén. Mary, junto a otras damas, visitan y ayudan en las villas miserias. Además de dirigir el Desayuno de Oración, están muy involucrados en la Iglesia Presbiteriana de Olivos y últimamente, junto con el doctor Jorge Torres han iniciado reuniones de avivamiento en la Iglesia Presbiteriana del Centro. Dios nos ha dado el privilegio de tener amigos muy amorosos en todo el mundo como nuestro más preciado regalo en la tierra.

PARA REFLEXIONAR: ¡Cuando nuestro gozo está en el Señor, no hay coincidencias, solo milagros!

CAPÍTULO 22

La convocatoria de la Catedral de Cristal

¿Cómo llegamos a la Catedral de Cristal? Era un sábado por la mañana a comienzos de la década del 90. Martha me llevó al aeropuerto de San Francisco para que tomara mi avión a Spokane, estado de Washington, para una conferencia de fin de semana.

Cuando regresó del aeropuerto, el doctor Schuller, pastor de la Catedral de Cristal en Garden Grove, California, y productor del programa de televisión la Hora de Poder, la llamó diciendo que me necesitaba para predicar al día siguiente en sus dos servicios del domingo. Martha contestó que era imposible, porque me acababa de dejar en el aeropuerto camino a Spokane.

El doctor Schuller respondió:

—Martha, la palabra imposible no existe en mi diccionario.

—Pero en el mío sí, doctor Schuller —respondió Martha.

—En ese caso, ¿podría hacerme usted un favor? —dijo el Dr. Schuller.

—Por supuesto, Dr. Schuller.

—Llame al pastor de esa iglesia, dígale que recibí un llamado urgente de la Casa Blanca y que tengo que volar esta noche hacia allí. Coméntele que solo le presto mi púlpito a muy pocas personas y me gustaría que Juan Carlos me suplantara mañana.

A Martha le resultaba muy embarazoso hacer esa llamada. El compromiso se había hecho hacía ya mucho tiempo, y aunque era una iglesia pequeña, se habían estado preparando para esos encuentros especiales durante mucho tiempo. Sin embargo, tomó el teléfono e hizo exactamente lo que se le había pedido.

El pastor le dijo que estaba reunido con los organizadores del evento en ese preciso momento y que les contaría las novedades. Luego la volvería a llamar. Después de un rato, la llamó y le dijo que el comité había aprobado dejar libre a Juan Carlos con la condición de que él les diera uno o más días más adelante. El trato estaba hecho, el pastor fue al aeropuerto de Spokane para esperarme y me explicó lo que ocurría. Entonces tomé otro avión hasta Orange County.

UN NUEVO PLAN DE PARTE DE DIOS

La limusina del doctor Schuller me esperaba en el aeropuerto y con temor y temblor prediqué por primera vez en ese lugar magnífico, en sus dos servicios del domingo por la mañana. Cuando terminé, el doctor Schuller me sorprendió con su llamado al entrepiso donde descansaban los ministros entre servicio y servicio. Me dijo que se había cancelado el evento en la Casa Blanca y que me había escuchado predicar desde su automóvil en el estacionamiento. Me comentó que yo era el mejor orador que había oído. Me había escuchado en 1974 en el congreso en Lausana, Suiza, y en esa oportunidad había decidido invitarme, pero luego se olvidó del asunto. Ahora se había acordado de mí y quería hablarme de la posibilidad de trabajar en la Catedral de Cristal.

Más tarde, el Dr. Schuller llamó a Martha nuevamente y nos invitó a mudarnos a Orange County a fin de iniciar la *Hora de Poder* en español para la ciudad de los Ángeles y toda América Latina. Martha dijo: «Oh no, doctor Schuller, ya pasamos por un impacto cultural cuando nos mudamos de Argentina, ahora estamos muy establecidos en la hermosa región de la bahía. Vivimos frente a las maravillosas colinas azules de Saratoga y nos encanta estar aquí. Además tengo a mi madre, dos hermanas, un hermano y nietos viviendo aquí, y asistimos a una iglesia fantástica. No hay nada de qué hablar. Vamos allí siempre. Además, Orange County tiene demasiado tránsito y contaminación. Vamos allí todo el tiempo y no nos gusta». Martha no encontró más excusas. La respuesta para el doctor Schuller era: «No».

Sin embargo, unos días después, el doctor Schuller volvió a llamar:

—Martha, ¿cuándo se mudan a Orange County?

Martha volvió a responder:

—No, doctor Schuller, nos encanta el lugar donde vivimos y el ministerio que estamos realizando.

Nuevamente mencionó la palabra «imposible». A lo que el doctor Dr. Schuller respondió que esa palabra no figuraba en su diccionario.

Dos semanas más tarde, me encontraba en Australia y Martha recibió una carta del doctor Schuller con un recorte de Los Ángeles Times. El título decía: «Cada día más hispanos llegan a California del Sur. La mayoría son católicos y muy pocos sacerdotes hablan español. ¿Quién se ocupará de esas almas?». Una nota manuscrita del doctor Schuller decía: «Aquí es donde ustedes pueden ayudar, por favor, pregúntenle al Espíritu Santo para ver qué dice».

Martha reconoció que ella había decidido no mudarse a Orange County sin consultar con el Señor. Así que ahí mismo, con el artículo en la mano, se arrodilló y le preguntó al Señor cuál era su voluntad. La respuesta fue: «Sí». Debíamos mudarnos.

Cuando la llamé desde Australia, ella me comunicó lo que le había dicho el Espíritu Santo. Cuando les dijimos a nuestros hijos que nos mudábamos, aunque tres de ellos ya estaban casados, nos dijeron que no nos preocupáramos. Si nos mudábamos, ellos también lo harían. Así que en pocos meses toda la familia se mudó a Orange County.

Apenas llegamos, comenzamos a grabar en vídeo la *Hora de Poder* en español. Nos dijeron que necesitaban por lo menos catorce programas enlatados antes de comenzar a transmitirlos. Arvella y Jim Penner capacitaron a Martha para que fuera la productora del programa la *Hora de Poder* con todo su personal a nuestra disposición. Nuestra hija Vera se convirtió en secretaria de Martha y en anunciante del programa. Luego, nuestra hija Georgina también se subió al tren. Nuestro yerno Daniel Darling fue el lector de la Biblia y el anunciador, y nuestro hijo David traducía las entrevistas del programa en inglés.

NUEVA IGLESIA HISPANA EN ORANGE COUNTY

Tan pronto como llegamos allí nos dimos cuenta de los miles de hispanos que vivían en esa ciudad, en especial alrededor de la Catedral. Así que decidimos fundar una iglesia hispana a la que pudiéramos invitar a los televidentes a asistir.

Con la ayuda de nuestros hijos, nueras y yernos, comenzamos a visitar los barrios cercanos a la iglesia. Entregábamos invitaciones para los servicios, colocábamos anuncios en todos los periódicos hispanos y también animábamos a los televidentes a venir a la iglesia. Nuestro lema era «La Catedral de Cristal, un hogar espiritual para los hispanos».

Al principio me sentí un poco perdido. Esta Catedral era muy diferente a los lugares donde había sido pastor antes. No sé qué hubiera hecho sin la ayuda de mi secretaria Carmen Walsh. Ella había sido una de las secretarias del doctor Schuller y la única que hablaba español. Fue un privilegio tenerla junto a mí en esos años tan importantes del ministerio hispano.

Los servicios en español comenzaron el primer domingo de septiembre de 1990 en la Capilla del Cielo, con asientos para aproximadamente setenta personas. Es una hermosa capilla en el piso 13 de la Torre de la Esperanza. Tres lados de la capilla son de vidrio, el frente, la derecha y la izquierda, con una hermosa vista en todo su entorno. Tenía un órgano, un bonito púlpito y una mesa de comunión de cemento. El que llega por primera vez a esta capilla, y comienza a mirar a su alrededor, exclama: «¡Qué vista!».

Lleva mucho tiempo captar la atención de la gente, pero en este caso las personas quedan impresionadas al ver Disneylandia, las montañas Saddle Back, la ciudad de Orange y todas las autopistas que están alrededor de ese lugar. El primer domingo éramos unas cuarenta personas, la mayor parte parientes y unos pocos ministros que vinieron a apoyarnos.

Uno de los aspectos negativos de la Capilla era que su dirección resultaba muy difícil de encontrar. El servicio estaba planeado para las once de la mañana. Cuando miles de personas salían del primer servicio en inglés, miles llegaban a la segunda reunión, muchos caminando para encontrar las aulas donde se dictaban las diferentes treinta clases para adultos y la escuela dominical. ¿Quién nos encontraría en medio de ese mar de gente? Muchos seguían a otros y llegaban a un servicio o a una clase en inglés y se desilusionaban por no comprender el idioma. Otros, nunca llegaban al piso 13 de la Torre de la Esperanza. Algunos creían que la magnífica Catedral de Cristal era solo para los ricos. Muchos hispanos llegaban al estacionamiento y nunca salían de sus coches, simplemente daban la vuelta y regresaban a sus casas diciendo: «Este es un lugar magnífico para los ricos, no para nosotros».

Para superar esta situación imprimimos invitaciones en tamaño de bolsillo que decían «LA IGLESIA DE CRISTAL ES PARA LOS HISPANOS». Colocamos a muchas personas en el patio, cerca de la circulación de la gente, y cuando veíamos a alguien con aspecto de hispano lo dirigíamos a la Torre de la Esperanza y le informábamos que tomara el ascensor al piso 13. Hacíamos cualquier esfuerzo con tal de crear formas nuevas para guiar a los visitantes a ese hermoso lugar oculto.

Martha organizaba grupos para visitar los desafiantes barrios de alrededor de Tijuanita, Ponderosa y otros. También iban a parques, puertas de supermercados y a otros lugares públicos que frecuentaban los hispanos. En Ponderosa, el líder de una pandilla se convirtió y asistía periódicamente a nuestra iglesia.

El alguacil y el juez de nuestra área vinieron a verme y me preguntaron qué había hecho para cambiar ese vecindario. El juez comenzó a enviar a nuestra iglesia a los hispanos que estaban en libertad condicional para que se ofrecieran como voluntarios internos en su tarea de recuperación. En solo unas pocas semanas llenamos la Capilla del Cielo.

LA ENSEÑANZA A LOS LATINOS

Mi objetivo era el hombre hispano católico que no va a misa, entre 35 a 45 años de edad. Como la mayor parte de los hispanos de nuestra zona eran mexicanos y católicos de nacimiento, decidí usar un tipo de liturgia católica para hacerlos sentir cómodos, sin comprometer nada de nuestra teología. Ayudó mucho que nuestra iglesia reformada, al igual que otras iglesias históricas, practicaran el bautismo de niños. Los pastores visten túnicas y recitan el credo, así que yo no estaba haciendo nada que no permitiera nuestra denominación. Incluso, vestía una túnica como los sacerdotes.

Cuando celebramos por primera vez la comunión, muchos me preguntaron cuándo podían confesarse. Ellos decían: ¡No podemos tomar la comunión sin confesión! Al principio, como evangélico pensé que debía responder: «No recibimos confesiones en esta iglesia», pero por otra parte, hubiera deseado que mis diáconos de las Asambleas de Dios hubieran confesado sus pecados antes de la comunión. Además, Pablo recomienda el autoexamen antes de la comunión y no acercarse a la mesa del Señor de una manera indigna.

Le pregunté acerca de esto al doctor Schuller y me dijo que lo que los católicos llamaban «confesión» nosotros lo llamábamos «consejería». ¿Qué hace la gente cuando tiene problemas y va a una sesión de consejo? Cuentan sus problemas y pecados. Eso es la confesión, y Santiago dice: «Por eso, confiésense unos a otros sus pecados, y oren unos por otros, para que sean sanados» (Santiago 5:16). Así que comenzamos a usar la palabra «confesión» para consejería y aprendí el beneficio de la confesión. Éramos mucho más capaces de ministrar a las personas hasta el punto de sus necesidades y tuvimos más éxito en ayudar en su camino a la santidad.

Celebrábamos las fechas más importantes del calendario, como el Advenimiento de Cristo, la Navidad, el Domingo de Ramos, la Pascua, el Miércoles de Cenizas y Cristo el Rey. La mayoría de los católicos no practicantes nunca habían oído hablar del mensaje de la gracia. Nosotros les aconsejamos comenzar a leer la Biblia, pues esto les ayudaría a crecer en el Señor. Desde ese momento tuvieron clases especiales sobre qué era la Biblia.

Por supuesto que el mensaje era bien reformado: la soberanía de Dios, la gracia, la seguridad de nuestra salvación. Bautizamos adultos por inmersión, pero lo llamábamos «confirmación». Es decir, la confirmación de los votos hechos por sus padres cuando ellos fueron bautizados mientras eran bebés. Les dijimos lo que dijo San Agustín: «Cuando eran bebés, sus padres los bautizaron con fe en la promesa de Dios de que su bendición recaería también en sus descendientes; pero ustedes no sabían qué estaban haciendo. Ahora, vengan con sus propios pies y confiesen con su boca al Señor Jesucristo para confirmar esos votos».

Cuando tuvimos un grupo de cuarenta nuevos creyentes, los invitamos a un retiro de dos días y los evangelizamos con nuestro curso *101, Nueva Vida*. Les impartimos tres lecciones: Dios te ama, Dios te perdona y Tú puedes cambiar. Estas clases establecían un buen cimiento para su fe en Cristo. Luego tuvimos un curso *201, We Want to Grow Spiritually* [Queremos crecer espiritualmente] para el discipulado y les presentamos los grupos de célula. El curso *301, I Want to Serve the Lord* [Quiero servir al Señor] les presentó el trabajo voluntario y también estaba el curso *401, Las Misiones*.

Al mismo tiempo, entre estos cursos organizamos clases bíblicas para graduados. *Biblia 1* era una clase de introducción a la Biblia. En ella estudiábamos solo algunos párrafos sobre el contenido de cada libro, la diferencia entre el Antiguo y el Nuevo Testamento, y aprendíamos de memoria y con canciones la lista de libros en su orden.

La mayoría de estos católicos eran totalmente desconocedores de la Biblia y necesitaban este curso para conocer el libro que tenían en las manos. *Biblia II* era el estudio de libro por libro. *Biblia III* era el Curso Bet-El que ayudé a traducir al español. A medida que la congregación continuó creciendo, estos cursos siguieron funcionando y las personas pasaban de un nivel al otro. Después de cursar cada uno, teníamos una graduación y un certificado que los hacía pasar al siguiente nivel.

Como la iglesia crecía rápidamente, en lugar de contratar más pastores o maestros capacitamos a algunos de los alumnos, pidiéndoles que asistieran al curso dos o tres veces y luego fueran ellos los que enseñaran. Esto no solo nos proveía de maestros voluntarios, sino que lo más importante era que les hacía comprender en profundidad qué estaban enseñando. En realidad, solo se puede enseñar lo que se comprende. Copio esto de Jesús, quien envió a sus discípulos de inmediato a enseñar lo que habían aprendido. También en Hebreos 5:12 dice: «En realidad, a estas alturas ya deberían ser maestros». Evidentemente, Pablo esperaba que todo creyente-sacerdote le enseñara a los demás lo que había aprendido (2 Timoteo 2:2). El hecho es que aprendemos más cuando enseñamos que cuando estamos en el asiento del alumno. Todos deberían enseñar para aprender. Este sistema creó cientos de líderes y muchos de estos creyentes comunes se convirtieron en maestros. Hoy, varios de ellos se han convertido en pastores laicos o de iglesias.

PARA REFLEXIONAR: *«Reconócelo en todos tus caminos, y él allanará tus sendas»* (Proverbios 3:6). Confieso que nunca busqué ni forcé nada en mi vida. Siempre me dejé llevar por la corriente de Dios, y él me llevó por caminos insospechables. De allí el título del libro: «De las selvas a las catedrales».

CAPÍTULO 23
Asombroso crecimiento del ministerio hispano

Cuando éramos alrededor de cien personas y ya no cabíamos en la Capilla del Cielo, nos trasladamos al Arboretum, que disponía de ochocientos asientos. El ministerio televisivo atrajo a mucha gente. La iglesia siguió creciendo y en este período comenzamos con el coro y muchos ministerios más. Cuando ya no cabíamos en el Arboretum pasamos a la Catedral. Esto nos obligó a cambiar el horario de nuestro servicio de las 11 de la mañana a la 1 de la tarde, porque el segundo servicio en inglés de la iglesia terminaba a las 12. No era el mejor horario, especialmente en verano cuando la Catedral de Cristal se convierte en un invernadero, pero no teníamos otra opción.

Pensándolo bien, fue mejor. Cuando teníamos el servicio a las 11 en la Capilla, a la vez que estaba el culto en inglés en la Catedral, no había cuartos disponibles para que dictáramos clases. Sin embargo, en ese nuevo horario, teníamos todos los edificios para nosotros. A esa hora toda la Catedral de Cristal se convertía en hispana.

A medida que crecíamos, hicimos un acuerdo con los pastores de habla inglesa, determinándose que solo llevaríamos a cabo un servicio de oración los martes y todas nuestras clases semanales los viernes. Así que los viernes también toda la Catedral era nuestra.

El crecimiento rápido nos obligó a desarrollar muchos ministerios diferentes. Todos ellos tenían una meta clara: Formar líderes (discípulos). Cada ministerio tenía una declaración clara de su misión. También enseñamos cursos para las personas que no habían terminado la escuela secundaria y de inglés como segundo idioma. Luego los impulsábamos a continuar asistiendo a la universidad, de modo tal que pudieran adaptarse mejor como ciudadanos estadounidenses. Muchos de ellos tuvieron mucho éxito y hoy día son profesionales y pastores; dos de ellos son actualmente evangelistas.

Al final de nuestro pastorado teníamos alrededor de sesenta ministerios diferentes en el Departamento Hispano de la Catedral de Cristal. No obstante, quisiera mencionar a algunas personas que nos ayudaron de una manera fantástica mientras fundábamos esta iglesia:

Carmen Walsh me ayudó a conocer los muchos departamentos y la forma de funcionamiento de la Catedral de Cristal y fue mi secretaria durante muchos años. ¡Sin ella hubiera estado perdido!

Manuel Hernández, jefe de los ujieres en idioma inglés, vino el primer día para guiarnos con nuestra congregación hispana. Él fue nuestro primer diácono y sirvió fielmente hasta que el Señor lo llevó con él.

George Balfour era nuestro organista en Buenos Aires y ejecutó esta tarea como voluntario durante trece años. Se unió a nosotros y cuando pasamos al edificio de la Catedral se convirtió en el músico que tocó el órgano más grande de Estados Unidos. También estuvo a cargo de la liturgia y fue ministro de la música y el departamento de misiones.

Lucas Leys se convirtió en líder de jóvenes y luego, junto con su esposa Valeria, hizo una gran obra al enseñar a los jóvenes a seguir una vida devota. Los formó a través de enseñanzas, vigilias y retiros para hacer crecer sus vidas espiritualmente. Lucas no solo multiplicó la cantidad de jóvenes que asistían, sino que también tuvo el don de formarlos como líderes. La mayor parte de los miembros de su grupo se convirtieron en líderes de nuestra iglesia.

Vera Darling, nuestra hija, hizo una obra fantástica. Al principio trabajó con Martha para la *Hora de Poder*, organizando el Departamento de Mujeres y los Retiros de Mujeres. Luego fue directora del coro y líder de adoración.

También quiero honrar a Julio y Sookie Soria, amigos desde hace muchos años. Nos visitaron en Argentina cuando aún éramos pastores de la iglesia de la calle Hidalgo. Vinieron para ayudar desde el primer servicio en la Catedral. Comenzaron diversos ministerios y últimamente, con su ministerio para matrimonios, ayudaron a muchos a evitar el divorcio.

A todos ellos y a muchos más que conformarían una lista muy larga, gracias por ayudar en la formación y la continuación del ministerio hispano de la Catedral de Cristal.

En el mes de junio de 2001, descubrí que tenía un melanoma maligno de 3,9 milímetros de profundidad y el pronóstico era grave. Durante los meses de julio y agosto me sometí a dos cirugías de cáncer. En marzo de 2002 renuncié a la iglesia y el doctor Luis Lemos ocupó mi lugar.

En abril de 2009, el doctor Luis Lemos fue reemplazado por Dante Gebel, un joven muy talentoso y ministro de jóvenes de Argentina. Actualmente la iglesia tiene una asistencia de alrededor de 2.800 personas por domingo y continúa creciendo.

Algo trágico, pero humorístico. Una de esas cosas cómicas que pueden suceder en el ministerio. Debes imaginarlo en este contexto. La Catedral de Cristal es el segundo lugar más lujoso para casarse en Orange County. El primero es Disneylandia.

ANÉCDOTA ESPECIAL

Era un sábado por la tarde y se estaba celebrando una boda sofisticada. Yo estaba llevando a cabo la ceremonia. Cada detalle se había preparado cuidadosamente y parecía ser una boda como la de Cenicienta, armada hasta la perfección. Se había cantado el Ave María y cuando el novio y la novia estaban por decirse sus votos, oímos unos gritos fuertes y extraños en la parte trasera de la Catedral, como si alguien se estuviera peleando. Eso era precisamente lo que sucedía.

Una muchacha embarazada y a punto de dar a luz estaba empujando a una persona de seguridad que intentaba detenerla, pero no podía. Nuestro organista oyó lo que pasaba y comenzó a tocar el órgano para tapar los gritos, pero la joven embarazada llegó al altar casi corriendo y desesperada gritó: «Pastor, detenga la ceremonia, ese hombre es el padre del hijo que llevo en mis entrañas». Mientras gritaba apuntaba a su vientre.

Por supuesto, se detuvo la ceremonia. La novia se paralizó por completo y su ramo de flores se cayó instantáneamente al piso. El novio tenía una especie de cara de inocente e insistía en que no conocía a esa persona. La mujer embarazada dijo: «¿Qué no me conoces? Te has acostado conmigo desde hace mucho tiempo». Él me dijo: «Pastor, no conozco a esta mujer…». No podía creer lo que estaba escuchando, entonces dije: «Señoras y señores, por motivos obvios se suspende la ceremonia».

La joven embarazada se desmayó. La gente de seguridad llamó al 911 y al poco tiempo llegaron los paramédicos con luces intermitentes y las sirenas a todo volumen, justo frente a la puerta principal del santuario. Mientras se llevaban a la joven desmayada, invité a los padrinos, a la novia, al novio y a las damas de honor a otro cuarto para hablar en privado con ellos. El resto de la gente fue dirigida a los jardines, ya que se iba a llevar a cabo otra ceremonia. Durante un largo rato, el novio negó que esto fuera cierto. Casi agoté mi conversación. Le dije que no lo casaría y comencé con una oración de cierre. Mientras oraba, el novio dijo: «Lo confieso. Todo es verdad, soy el padre de ese bebé…». La novia estaba destruida, lloraba, el día de sus sueños se había hecho trizas. Los dejé solos, necesitaban estarlo.

Después de un largo rato, todos los invitados seguían en los jardines de la catedral con sus regalos en las manos. Se había preparado una hermosa recepción. Cuando terminaron de hablar, la novia me dijo que su novio había confesado todos sus pecados y que por lo tanto ella había decidido perdonarlo y casarse con él. Me senté con ellos y les expliqué muy bien el significado del perdón, pues si uno perdona, ese pecado nunca más deberá traerse a colación. Debemos actuar como lo hace el Señor: «Y nunca más me acordaré de sus pecados y maldades». Si aparecía un nuevo pecado, deberían tratarlo, pero el anterior estaría perdonado. No se debía sacar a la luz cada vez que hubiera una discusión o un nuevo problema entre ambos. Estuvieron de acuerdo y tuvimos un momento de oración. Así que los diáconos les dijeron a los invitados que regresaran.

La ceremonia continuó con los votos matrimoniales. Fue muy singular, pues era la única vez en mi vida, con cientos de bodas que realicé, que utilicé esta fórmula de votos: «Señorita… ¿quiere tomar a este hombre por esposo, quien mientras le proponía casamiento se acostaba con otra mujer, sabía que al poco tiempo iba a ser padre de un bebé, y a partir de ahora tendrá que visitar al niño, pagar su sustento y amarlo? ¿Está dispuesta a perdonarlo, sabiendo todo lo que sabe, y tomarlo como esposo?». «Sí, pastor».

No fue ni una boda normal ni una promedio. Después de unos pocos días invité a la madre embarazada para ministrarla. Ella se sentía muy avergonzada por lo que había hecho. Me dijo: «Perdóneme pastor, pero me enteré de la ceremonia unos minutos antes y me volví loca. Estaba convencida de que si podía detenerla, él se casaría conmigo, porque estaba segura de que me amaba…». El ministerio de mujeres le organizó una reunión para recibir al bebé con regalos.

La pareja casada vino a visitarme algunas veces. Al principio, cuando preguntaba cómo iba el matrimonio, ella decía: «No es fácil, pero está funcionando». Después de un tiempo, tuvieron un bebé. La última vez que supe de ellos les estaba yendo bien. Aparentemente, la lección sobre el perdón había sido bien aprendida.

Este es uno de los muchos testimonios fantásticos. Digo muchos, porque este tipo de problemas son muy comunes en la comunidad hispana. No todos los hispanos son drogadictos, borrachos, mujeriegos o golpean a sus esposas, pero sí sucede.

Antes de Pascua vino un hombre desesperado a la Capilla de Oración, ubicada debajo del Carrillón. No había nadie, solamente una persona de seguridad que lo invitó a asistir al día siguiente al servicio hispano de Pascua. El hombre así lo hizo.

Los servicios de Pascua en la Catedral de Cristal son hermosos, los miembros donan muchas plantas y flores, y muchos voluntarios pasan toda la noche decorando la cruz con calas blancas y toda la plataforma con flores coloridas.

Ese día di un sermón sobre el poder de nuestro Salvador resucitado e invité a pasar al frente a quienes quisieran recibir a Cristo en su corazón. En la mayoría de los servicios de Pascua el santuario estaba repleto de gente y muchos de ellos aceptaban a Cristo. Entre los que vinieron al frente, estaba este hombre con dos guardaespaldas. Después del servicio se quedó para hablar conmigo y contarme su historia.

Durante muchos años había sido un traficante de drogas que cruzaba la frontera de Tijuana a San Diego. Me dijo que siempre cruzaba por intuición. A veces sentía que lo iban a detener las autoridades y no cruzaba. Cada vez que pasaba traía mucho dinero y mucha droga. Ese día, antes de Pascua, tenía una gran carga en el alma, y cuando regresaba de su intento por cruzar la frontera, vio la cruz iluminada de la Catedral de Cristal desde la autopista y decidió acercarse a la iglesia.

Tan pronto como el señor de seguridad lo invitó, decidió que iba a asistir al servicio de Pascua en español y entregarle ese mismo día su vida al Señor. Me dijo que la gente solía llamarlo

«El Perro», porque le tenían miedo.

La vida de este hombre recibió tal transformación que en lugar de ser un narcotraficante comenzó a predicarles a todas las personas a las que solía venderles drogas.

Después de un tiempo desapareció. Unos años más tarde fui a México para disertar en una conferencia de pastores, ¿y adivinas quién estaba allí? «El Perro», quien se había convertido en ministro y ahora proclamaba el amor y el perdón de Cristo en México.

Este es solo un ejemplo de los muchos testimonios de transformaciones fantásticas a través del poder de Dios en la Catedral de Cristal. El ministerio hispano de la Catedral no solo es una congregación, es un centro evangelístico donde miles de personas han sido salvas.

Los hispanos que viven en Estados Unidos se mudan muchas veces antes de establecerse en un lugar. Muchos de ellos entraron por la ciudad de Tijuana, se quedaron en esa zona durante un tiempo, recibieron a Cristo, y luego continuaron hacia otras áreas del país en busca de mejores empleos y viviendas más económicas.

La zona de la Catedral es muy cara. Muchos que recibieron a Cristo y aprendieron las primeras cosas en el camino cristiano hoy día son miembros de iglesias en todo el país. De entre muchos de los cristianos que se convirtieron en ministros quiero mencionar a dos:

Jose Luis Sáenz, que llegó al Señor cuando era adolescente, fue salvo el primer día junto con su amigo Arnoldo Escobar, quien también es un cristiano fiel y sirve al Señor junto a su esposa.

José Luis tomó todos los cursos de discipulado sobre la Nueva Vida y Servir al Señor. Más adelante se inscribió en el programa MAT (Capacitación Asociada Ministerial) que se imparte en la Catedral a cargo de muchos profesores acreditados, algunos de ellos del seminario Fuller. El programa MAT se encuentra al nivel de la escuela bíblica. Después de graduarse sintió de parte del Señor que debía convertirse en evangelista y asistió a la Escuela de Evangelismo de Alberto Mottesi. Hoy día evangeliza en toda California, en un gran escenario móvil.

Rafael Martínez fue librado del alcoholismo y hoy día es

ministro en Atlanta, Georgia, donde también se desempeña en televisión y programas de radio. ¡A Dios sea la gloria por siempre y siempre!

PARA REFLEXIONAR: Comenzar una iglesia a mi edad fue como para Abraham tener a Isaac: ¡un milagro! ¡Sí, es posible!

CAPÍTULO 24
Luego de mi enfermedad

Como lo mencioné anteriormente, en el 2002 renuncié al pastorado de la Catedral de Cristal, luego de trece años de presidirla, porque me diagnosticaron un melanoma maligno. El pronóstico no era bueno, los médicos me dijeron que solo tenía alrededor de un veinte por ciento de posibilidades de sobrevivir. Pasé por dos cirugías y un tratamiento. Hoy día en 2010, después de más de ocho años, estoy muy bien. Los chequeos anuales son negativos. Me siento muy bien y creo que puedo seguir contribuyendo a la extensión del Reino de Dios. Fue por eso que comencé a aceptar invitaciones que me llegan de todo el mundo para volver a enseñar. Decidí que el Señor aún me quería acá abajo, en la tierra.

Entre las invitaciones que recibí, me ofrecieron ser profesor de teología en la Universidad Sheperd en la ciudad de Los Ángeles y acepté. Luego de seis años de enseñanza, me nombraron presidente de la Escuela de Teología de la universidad. Enseño allí una vez por semana. Como me gusta estudiar y meditar sobre la Palabra de Dios, disfruto mucho ser docente.

Actualmente viajo predicando por Europa, Australia, Asia, el Medio Oriente y toda América. Sigo recibiendo invitaciones de los evangélicos, los protestantes, los católicos y los ortodoxos. Disfruto con todos ellos y me siento como en casa adorando en tradiciones diferentes.

En noviembre de 2008, Robert A. Schuller, pastor de la Catedral de Cristal, renunció y recibí un llamado para regresar, pero esta vez no al ministerio hispano, sino como pastor principal de todo el ministerio, lo que incluía el ministerio hispánico y el anglo, hasta que encontráramos un nuevo líder.

Acepté el cargo y a partir del 1 de diciembre de 2008 hasta el 31 de agosto de 2009 tuve el privilegio de conducir este ministerio. Durante estos nueve meses mi tarea fue prepararlos para un nuevo liderazgo. Ya que estaba allí, preparé cursos para discipulado y delineé un programa para el seguimiento de los nuevos creyentes. Capacité a algunos líderes que actualmente están haciendo una obra excelente. Al ministerio hispano no le iba bien, tanto en asistencia como en sus finanzas.

En julio de 2009, el doctor Schuller tomó la decisión de continuar como ministro principal durante un período de dos años más, pero teniendo como líder a su lado a su hija mayor, Sheila Coleman Schuller. Sheila es una persona encantadora, bien educada, y se ha involucrado en el ministerio de la Catedral de Cristal desde muy joven. Fue directora de la Academia de la Catedral de Cristal durante muchos años. Lo más importante es que ella es una amante cristiana que invierte toda su vida en el ministerio que siempre ha amado y hace todo lo que puede para atraer a nuevos miembros a la familia de la Catedral de Cristal.

NUEVA INCORPORACIÓN

Una de las cosas importantes que pude hacer por la Catedral durante ese período fue invitar a un querido amigo y evangelista muy exitoso de la Argentina, llamado por los medios «el pastor de jóvenes de América Latina», Dante Gebel, para ser el pastor del departamento hispano de la Catedral.

Conocí a Dante en uno de mis muchos viajes a Argentina cuando era un joven ministro. En ese entonces, entre otras cosas, tenía un programa de radio muy divertido donde entrevistaba a pastores. Cada vez que lo oía veía el gran potencial que tenía como líder joven, talentoso, un hombre devoto a Dios.

Desde que me convertí en pastor de la Catedral de Cristal por primera vez en 1990, deseaba poder traerlo como nuestro pastor de jóvenes. Lo había invitado varias veces a venir al ministerio hispano y tener reuniones especiales. De hecho, cuando me diagnosticaron el melanoma maligno y solo me dieron un veinte por ciento de oportunidad de supervivencia, invité a Dante Gebel a ser el disertante el día que le entregué el ministerio al pastor Luis Lemos.

Luego, tiempo después, Dante y Liliana asumieron el pastorado de la parte hispana de la Catedral de Cristal. El primer año que asumieron el ministerio lograron un crecimiento fantástico y la asistencia subió a un promedio de 2.200 personas. Para el servicio de Pascua de 2010, hubo 3.300 asistentes. Él produce un programa semanal de televisión que sale al aire en California del Sur y también en el mundo hispano. Además tiene un programa de radio.

Dante proviene del mismo trasfondo denominacional que yo, las Asambleas de Dios. «Algo histórico está sucediendo en la Catedral de Cristal» es el lema de este nuevo período de los hispanos que asisten a la Catedral.

El amor que Martha y yo recibimos de la congregación angloparlante durante el tiempo que pasé allí, del personal, de los ancianos, de los voluntarios, de los miembros y de toda la familia Schuller superó mis expectativas. Su respeto y afecto me abrumaron.

Las invitaciones para predicar continuaron llegando de todas partes del mundo, aunque en mayor cantidad de lo que permite mi tiempo. No me siento obligado a seguir viajando, pero decidí hacerlo hasta que pueda físicamente y continúe hablando con claridad, sin avergonzarme de mí mismo.

Le dije a mi familia y a algunos amigos que tan pronto como vean algo que les indique que no estoy bien, me lo digan, y dejaré de hacerlo. Tengo un preciado pequeño grupo ante quienes soy responsable, es mi grupo de apoyo, mi célula. Ellos observan mi salud y mi energía, y me dirán cuándo debo detenerme.

Este año fui a Melbourne, Australia, después de casi 30 años, y visité al reverendo Hal Oxley, que era pastor en esos años. Hoy, en 2010, él tiene 93 años y luce tal cual lucía hace 30 años. Tiene una mente brillante y una memoria tremenda. Si voy a ser como él, puedo seguir predicando durante algunos años más.

PARA REFLEXIONAR: ¿Cuándo eres lo suficientemente anciano para dejar de predicar?

CAPÍTULO 25
Muy importante: Mi familia

Como mencioné anteriormente, Martha trajo mucha felicidad a mi vida. Ella apoyó mi ministerio ayudando con cada talento que tenía. Nuestro viaje de bodas fue a Formosa. No tuvimos dinero durante años. El poco dinero que obteníamos era para viáticos, creyendo que los que nos invitaban nos iban a recibir con hospitalidad y comida. La mayor parte de las veces nos hospedábamos en hogares de personas muy pobres. Muchas veces no teníamos una habitación para nosotros y debíamos dormir con Pablo Polischuk en el mismo cuarto. Cuando él se despertaba, Martha y yo cubríamos nuestras cabezas con la cobija hasta que se iba del cuarto.

La primera iglesia que pastoreamos como matrimonio era muy pequeña, muchas veces no teníamos ni para la comida. Recuerdo las primeras compras que hicimos. No teníamos ollas para cocinar ni para calentar la leche, así que fuimos a comprar una con el poco dinero que teníamos. Después de caminar toda la mañana de tienda en tienda, decidimos comprar una jarra pequeña que sirviera para ambos fines. A veces dormíamos en la estación del ómnibus o del ferrocarril. No teníamos dinero para un taxi, así que caminábamos grandes distancias con nuestro equipaje y los niños. ¿Por qué digo esto? Para agregar que Martha nunca, nunca, nunca se quejó. NUNCA, ni una vez. Nos faltó de todo durante años, incluso después de haber tenido a nuestros hijos, pero nunca dijo una palabra sobre ello.

Cuando le conté todo esto a mi clase en la Universidad de Teología donde enseño, no podían creerlo, así que me pidieron que llevara a Martha a la clase para conocerla. Ella les contó a los alumnos cómo habíamos vivido nuestra vida, y el hecho de que nunca ninguno de los dos estuvo triste o preocupado por nuestra situación. Los alumnos le preguntaron cuál era el secreto. Ella respondió que «el secreto era que para los dos el Reino de Dios estaba en primer lugar». No había ninguna otra respuesta.

Yo era profesor y predicador, pero no tenía los dones de la administración y la organización. Sorprendentemente, el Señor lo tenía todo planeado, ya que los dones de Martha eran totalmente diferentes a los míos. Su contribución desde el primer día hasta hoy cubría todas las cosas de que yo carecía. En toda iglesia donde fuimos pastores, ella organizaba los eventos especiales, tales como cruzadas o conferencias. También tenía talento para evangelizar, ya que había sido entrenada en esa capacidad desde que era adolescente, evangelizando a niños junto con su hermano, sus hermanas y otros jóvenes de su iglesia en barrios pobres y en escuelas bíblicas de vacaciones organizadas por su iglesia.

NUESTROS HIJOS

El Señor nos bendijo con cuatro hijos maravillosos y cariñosos, David, Robert John, Vera y Georgina. Nuestros hijos se criaron en una iglesia maravillosa y llena de amor, el Tabernáculo de la Fe, en el corazón de Buenos Aires, donde éramos ministros. Mientras crecían, tuvieron el privilegio de vivir junto con nosotros durante la renovación espiritual. Allí aprendieron muchas cosas. Las reuniones eran muy extensas en aquella época, pues dedicábamos horas a alabar a Dios, y nuestros hijos estaban siempre allí con nosotros. A veces, permanecíamos dos o tres horas en medio del pueblo de Dios alabando al Señor con canciones y oración.

Con el transcurso de los años, durante las vacaciones de verano, los cuatro asistieron a muchos campamentos para niños organizados por entidades tales como LAPEN y Exploradores del Rey, de las Asambleas de Dios; también fueron a los retiros propios de nuestra iglesia local. En nuestro hogar, muchas veces hacíamos juntos devocionales y los encausamos en los caminos del Señor lo mejor que pudimos.

Cuando eran pequeños, Martha trabajaba como maestra en un colegio privado justo frente a la iglesia en la que éramos pastores. Todas las mañanas iba con los tres mayores y regresaba a casa a eso de las 3 de la tarde. Después de haber comido algo, siempre se sentaba fielmente con ellos para ayudarlos con la tarea, y una vez terminada, podían jugar o leer.

David, nuestro hijo mayor, era buen lector desde muy pequeño, pues aprendió a leer y a escribir a los cinco años. Disfrutaba leer la Biblia y libros sobre animales y la naturaleza. Un día se me acercó y me leyó Marcos 16:16: «El que crea y sea bautizado será salvo», luego me dijo:

—Papá, ¿estoy bautizado?

—No —respondí.

—¿Por qué no estoy bautizado si yo soy salvo?

Así que después de consultarlo con otros ministros, lo bauticé por inmersión a los seis años de edad. Fue un día feliz para todos nosotros.

David también tenía una firme fe en el Señor, de ahí su deseo de concurrir al Colegio Ward, y vio cómo su oración fue respondida de manera milagrosa. También, más adelante en su vida, cuando le pidió al Señor que lo ayudara a ingresar al Westmont College, en Santa Bárbara, California, el Señor volvió a concederle los deseos de su corazón. Luego de graduarse en Westmont como administrador de empresas y economista, se ofreció voluntariamente como ministro de jóvenes.

Mientras escribo este libro, David trabaja como intérprete de español-inglés en el ministerio hispano de la Catedral de Cristal, donde Dante Gebel es el pastor principal, y además es miembro de la Iglesia Saddleback, a la que asiste con su esposa Suzanne y su hermosa hija Megan.

A David siempre le gustaron los deportes, aun cuando yo no practiqué ninguno. Participó en torneos de water polo, fútbol y pista.

Robert John era un niño gracioso, siempre contaba chistes, sonriente, y nunca tomaba nada demasiado en serio. Solo quería hacer reír a todo el mundo. Desde muy pequeño amaba la música. Enviamos a los cuatro niños a tomar clases de piano y el único que las disfrutaba era él. Tuvimos muchas bodas en nuestra iglesia y él nunca quiso perderse ni una. Desde que era un niño aprendió a tocar la marcha nupcial de Mendelshon y otras más. En el Colegio Ward era el pianista de la banda de jazz y tocaba varios otros instrumentos en la banda marchante. Cuando nos mudamos a Estados Unidos continuó con las lecciones de música. Su instructora particular de piano, la señora Ana Poplewski, había sido discípula del pianista polaco Arthur Rubinstein. Mientras era estudiante, Robert John trabajaba como director de coro en De Anza College, en Cupertino, donde vivíamos, y tenía intenciones de ingresar a la Escuela de Música Julliard. También tocaba el piano en algunos hoteles de primera categoría para ganar un poco de dinero extra.

Durante algún tiempo en su vida Robert John se apartó de los caminos del Señor. Junto con muchos amigos dedicamos varios años a orar por él y el Señor le concedió su misericordia, como lo hace con cada uno de nosotros cuando volvemos a él. Al igual que el hijo pródigo, cuando regresó al Señor, ¡estábamos todos esperándolo con los brazos bien abiertos! Robert John pasó a la presencia del Señor a los 26 años debido a una enfermedad incurable.

Vera, nuestra tercera hija, siempre fue una niña dulce y fácil de llevar. Desde que era muy pequeña demostraba interés en cantar. Así que contratamos a una profesora de canto particular que venía a casa para enseñarle a cantar acompañada con una guitarra. También tenía profesora de piano. Le encantaba bailar, por lo que la enviamos a clases de baile. Siempre estaba interesada en viajar por el mundo. Todos nuestros hijos habían viajado a varios sitios con nosotros durante las vacaciones, casi todos los años viajábamos a Porto Alegre, Brasil, Paraguay, varias provincias de Argentina, Nueva York y California. Más tarde, todos fueron a varios países de Europa.

Debido a su interés en viajar, Vera estudió para agente de viajes y luego fue capacitada como azafata. Se convirtió en sobrecargo de Eastern Airlines. Eso le permitía viajar bastante. Ella y su esposo Danny visitaron muchos países de Europa, Turquía y las hermosas islas griegas. Más tarde se convirtió en líder de adoración en el ministerio hispano de la Catedral de Cristal y también ayudó a Martha en la organización del Ministerio de Mujeres y en eventos especiales.

Mientras escribo estas páginas, ella forma parte del equipo de adoración en la iglesia Yorba Linda Friends como líder, docente y consejera para el ministerio hispano. Vera siempre tuvo un corazón tierno por los pobres y los menos afortunados. Siempre ganó buen dinero y lo compartió con quienes lo necesitaban. En la actualidad sigue siendo la misma y continúa una carrera como intérprete para los tribunales.

Vera y Danny tienen tres hijos encantadores. Ailin, graduada de periodista en la Universidad de Oregon, en Eugene, Sean Patrick y Alan Christopher.

Georgina nació 6 años después que Vera, fue nuestro bebé sorpresa. Pensábamos que tres hijos y una iglesia eran suficientes. ¡Sin embargo, el Señor tenía otro plan, y qué gozo el que sentimos cuando nos dimos cuenta de que el Señor nos sorprendió con otra pequeña! Así que luego de habernos tomado un recreo para atender bebés, comenzamos nuevamente de cero, esta vez con la ayuda de los tres mayores que amaban ayudarnos con ella. A Georgina también le encantaba bailar, así que la mandamos a estudiar ballet, jazz y aerobics. Estudió fitness y nutrición y trabajó como gerente de NutriSystem durante un tiempo. También se desempeñó como directora adjunta de la

Hora de Poder cuando el director era Phil Roberts.

Para el momento que escribo este libro ella se dedica a los emprendimientos inmobiliarios y a criar a sus dos encantadores hijos, Robbie y Kelsie, ambos estudiantes. También asisten a la Iglesia Saddleback donde es pastor Rick Warren.

Nuestros tres nietos tocan varios instrumentos y han formado una pequeña banda con su buen amigo y mentor, David Vera. A veces ayudan a nuestra hija Vera en el equipo de adoración en la Iglesia Amigos. Nuestras tres nietas fueron bendecidas con una hermosa voz.

UN SUEÑO PARA LA FAMILIA

Cuando éramos pastores en Buenos Aires, el departamento provisto por la iglesia era bastante chico, tres dormitorios y dos baños. Éramos seis de familia y teníamos una mucama que vivía con nosotros para ayudarnos. Además, siempre había muchas visitas que se quedaban con nosotros, así que para decirlo simplemente, vivíamos apiñados. La mayor parte de las veces debíamos hacer fila frente al baño para tomar una ducha.

Siempre soñamos con tener una pequeña casa de vacaciones para escapar del ruido de la ciudad, la contaminación y tanta gente a nuestro alrededor todo el tiempo. Con ese fin comenzamos a ahorrar todo lo que podíamos para comprar un terreno donde, finalmente, pudiéramos construir una casa algún día. En una oportunidad, en uno de nuestros muchos viajes, Martha fue de viaje conmigo a Río de Janeiro, a una iglesia en la que nuestro amigo, el reverendo Robert Mac Allister, era el pastor principal. Antes de partir me entregó un sobre con un dinero y le entregó otro a Martha, y frente a ambos dijo: «Esto no es un honorario, es un regalo para Martha, para que ella haga lo que desee. Juan Carlos, tú no tienes opinión en esto».

Cuando Martha abrió el sobre se encontró con 3.500 dólares. Eso fue alrededor de 1970, y en esa época en Argentina significaba mucho dinero. Así que, en el vuelo de regreso, planificamos seguir adelante y comprar ese terrenito que soñábamos.

Conjunto de adoración de un grupo de pastores anglos y yo, donde cantábamos juntos en muchos eventos especiales. De izquierda a derecha: Dr. Jim Cox, Dr. Lawrence Wilkes, Dr. Tino Ballesteros, pastor Ken Lestma, el pastor de jóvenes, el pastor Glenn DeMaster y yo.

Saludando a los congregantes del ministerio hispano de la Catedral de Cristal después del servicio. (1999)

Toda mi vida estuve siempre predicando, enseñando, oficiando ceremonias de bodas, memoriales, funerales, quinceañeras, ¡así fue mi vida! (1996).

Predicando en la Catedral de Ginebra en Suiza (1985).

Siempre que viajé me interesó mucho visitar las catedrales del mundo. Aquí admirando la arquitectura del bautisterio, en Florencia, Italia. (2006)

Admirando otra de las grandes catedrales del mundo (2008). (Creo que esta es Siena's Duomo, la Catedral de Santa María).

Visitando Napa Valley con Martha, la tierra de los hermosos viñedos en el Norte de California (1998).

Haciendo turismo en Calabria, una ciudad medieval (2005).

Divirtiéndonos un poco con Martha en Epcot, Orlando, Florida (2007).

¡Siendo un gran admirador de San Francisco de Asís, he visitado dos veces el hermoso lugar, Assisi! (2009).

Entregando un doctorado Honoris Causa de la Universidad Shepherd, donde actualmente soy presidente, a mi querido amigo y colega Néstor Soto Godoy, quien fundó y dirige un gran movimiento de discipulado en Chile. (Junio 2010). A la derecha, el decano de la Universidad Shepherd, Dr. Shalom Kim.

Graduación de Shepherd University en Buenos Aires, Argentina. (2008)

Martha y yo dispuestos a continuar la meta que nos hemos propuesto al casarnos, servir a nuestro amado Señor hasta el día que él nos llame a su presencia. (2005)

Lo tomamos como un proyecto familiar divertido, así que cada vez que teníamos un día libre (cosa poco frecuente), nos íbamos con los cuatro chicos a encontrar ese terreno. Miramos muchos lugares en el área llamada La Reja, que está solo a 50 kilómetros en el conurbano de Buenos Aires.

Un día fuimos a ver a un vendedor inmobiliario llamado Malosetti. El nombre me resultó conocido, ya que a los 15 años había trabajado como cadete y uno de los dueños de la compañía se llamaba así. ¡Que sorpresa tan agradable descubrí cuando hablé un poco con él y me enteré de que era el mismo Malosetti de donde yo había trabajado! Llamó a su esposa, nos invitó a comer en su casa y la pasamos muy bien juntos.

El señor Malosetti escuchó atentamente nuestro sueño y luego dijo: «Tengo una muy buena oferta para ustedes. Hay una pareja que está atravesando un divorcio en malos términos y están apurados por vender una vieja casa de fin de semana. La casa no vale mucho, pero está en un hermoso terreno con bonitos árboles, una de las mejores ubicaciones de La Reja». Así que todos fuimos a ver la propiedad.

Cuando llegamos, Martha y yo nos miramos como diciendo: «Vaya, esto es imposible…». La casa tenía una gran alberca y estaba rodeada de casas hermosas, todas ellas construidas en parcelas de cinco acres. Estaba totalmente abandonada, pero tenía un gran potencial. El señor Malosetti seguía alentándonos para que hiciéramos una oferta. Para decirlo en pocas palabras, compramos la casa dándole los 3.500 dólares que el pastor Mac Allister le había dado a Martha y nos comprometimos a pagar 300 dólares por mes hasta cumplir con todo el monto.

Unos pocos meses después de firmar los papeles, Argentina ingresó en «El Rodrigazo», una hiperinflación galopante. ¡Y créase o no en un mes, debido a que teníamos nuestro dinero en dólares, pagamos el resto de la hipoteca! ¿No fue eso un milagro? Fue un regalo de Dios. Sucedieron muchos milagros en nuestra familia y el Señor siempre nos sorprendía con una bendición.

Vivir en el corazón de Buenos Aires tiene muchas cosas maravillosas, lindas tiendas, puestos de flores en muchas esquinas, el Teatro Colón, confiterías y restaurantes de primera clase. Sin embargo, el aspecto negativo es que uno está rodeado de cemento, humo y ruido. Le llamamos a nuestra casa de fin de semana «El Bosque». El parque tenía una avenida de enormes eucaliptos, todo alrededor estaba rodeado por paraísos, un árbol similar al jacarandá que da flores púrpuras azuladas en primavera, muchos árboles frutales y todo tipo de flores, incluyendo un jardín de rosas que en primavera y verano dejaba oler un aroma exquisito en todo el lugar.

Después de un tiempo también plantamos una huerta y pudimos compartir vegetales recién cosechados y huevos frescos con otras personas. Teníamos vacas para nuestra leche, hacíamos yogur, teníamos nuestra propia miel, cerdos, etc. También compramos un caballo. La alberca era grande, y ya que estaba afuera en el campo, los sapos estaban muy felices de saltar dentro. En los meses de verano nos proveían de un concierto inusual, hasta que construimos una pared baja a su alrededor.

Durante las vacaciones venían algunos parientes a quedarse con nosotros. La casa tenía seis dormitorios y tres baños, una gran sala comedor y las dependencias de servicio. Cuando nuestros hijos traían amigos de la iglesia, si no alcanzaban los cuartos, colocábamos tiendas en el parque. Nuestros hijos nunca olvidarán los hermosos momentos que pasaron con muchos de sus primos y amigos. También prestamos la casa para retiros a los discípulos más cercanos de nuestra iglesia.

En cuanto a hoy día, todos nuestros hijos y nietos no viven a más de 35 minutos de nuestro hogar. Consideramos que esa es una gran bendición y no la damos por sentado, es un don de Dios y estamos agradecidos por ello. Todos nos amamos mucho y con frecuencia nos reunimos para celebrar cumpleaños o cualquier otro evento. Como buenos argentinos, siempre encontramos una buena excusa para reunirnos a comer un asado y pasar un hermoso tiempo en familia riendo y compartiendo nuestras vidas.

PARA REFLEXIONAR: *«Tú y tu casa serán salvos»*. En nuestro caso, esto fue literalmente verdad en ambas familias, tanto del lado de los Ortiz como de los Palau.

CAPÍTULO 26
Mi viaje en los años cumbre

El objetivo de contarte mi vida es dejarle un legado de fe y compromiso a las generaciones futuras. Hoy, en el 2010, tengo 76 años y si se me diera la oportunidad de comenzar todo de nuevo, elegiría entregar mi vida entera nuevamente al servicio de mi amado amigo y Salvador, Jesucristo, mi Señor.

Por supuesto, si empezara con toda la experiencia que tengo hoy, podría evitar cometer algunos de los errores en el camino y eso sería mucho mejor. Sin embargo, estoy satisfecho con la gracia de Dios sobre mí en este tiempo. Cuando veo la generación actual de pastores y evangelistas, por supuesto con muchos más recursos de los que teníamos en mi época, observo que ellos están haciendo lo mejor que pueden con los dones que tienen. Entonces pienso que moriré en paz y felicidad, porque la iglesia está en buenas manos.

Es mi deseo que todos los que lean acerca de mis experiencias comprendan lo que he tratado de transmitir a través de cada una de estas páginas. El gozo y la satisfacción que se reciben cuando se obedece el mandamiento de Jesús, quien dijo: «Por tanto, vayan y hagan discípulos de todas las naciones, bautizándolos en el nombre del Padre y del Hijo y del Espíritu Santo, enseñándoles a obedecer todo lo que les he mandado a ustedes. Y les aseguro que estaré con ustedes siempre, hasta el fin del mundo» (Mateo 28:19-20).

Amigo mío, este gozo no puede hallarse en ninguna otra experiencia. ¡Formamos parte de una empresa eterna!

Como ya conté, provengo de una familia muy pobre y todo lo que pude hacer fue solo por la gracia de Dios. Sí, es posible servir al Señor aun sin tener dinero, fama, nombre o trayectoria.

Al hacer un breve recuento de mi ministerio puedo decir que:

—Se crearon siete iglesias.

—Miles de personas de todo el mundo se acercaron a Cristo.

—Cientos de personas entraron al ministerio de tiempo completo. A Martha siempre le encanta encontrarse con personas que se nos acercan cuando viajamos o nos escriben diciéndonos de qué manera mis enseñanzas sobre el señorío de Cristo, el discipulado o alguno de mis libros cambiaron el curso de sus vidas.

—El discipulado y los grupos en los hogares se difundieron como sucede con los incendios de California por todo el mundo. Lo que parecía una herejía en las décadas de los 60 y 70 es una de las prácticas exitosas de la actualidad. La mayoría de las iglesias del mundo cuentan con grupos en las casas, grupos de células, o cualquier nombre que se les dé, donde las personas reciben enseñanza y apoyo de una manera personal, se ocupan de ellos y oran unos por otros, no como en un orfanato.

—Miles de personas que sufren, provenientes de ambos extremos de la sociedad, se entregaron a Cristo, ¡dando por tierra con su dolor y angustia en la vida cuando Jesús entró en sus corazones!

—Las denominaciones no son tan exclusivistas como lo eran antes.

—El señorío de Jesucristo se anuncia en todo el mundo. Es evidente en las nuevas canciones.

Todo esto se logró enseñando en conferencias y seminarios de líderes y pastores en más de 65 países de todo el mundo y siendo evangelista, pastor y docente.

Al ministrar entre los indios, vimos a muchos que sufrían de un modo diferente. Recuerdo a una niña de trece años que se estaba muriendo de hepatitis, acostada en un catre roto y sucio dentro de una choza, con un entorno sin ninguna profilaxis y terriblemente sucio. Con insectos, sin atención médica, sin agua limpia, en medio de la total pobreza, la niña estaba tan amarilla como la puede poner la hepatitis, ¡sin ningún tipo de cuidado! Otros estaban muriendo de tuberculosis, enfermedades de la piel y muchas enfermedades de transmisión sexual. ¡Nosotros los vimos! Al igual que vi los corazones sufrientes de las personas de la alta sociedad. Siempre Jesucristo fue la única solución.

Mi amigo, ambos extremos sin Cristo duelen mucho. Hay millones que necesitan de nuestra ayuda. Matrimonios rotos, niños enfermos, relaciones abusivas, pasados dolorosos, huérfanos, pobreza, hambre, todo está allí afuera, alrededor del mundo y cerca tuyo. Los corazones sangran de maneras totalmente diferentes. Las obras del enemigo solo traen desgracia y dolor.

Oficié cientos de memoriales y funerales. Nunca perdí la oportunidad de dar un mensaje claro y directo de salvación. Dejé en claro que nuestra vida puede terminar en un parpadeo. Hemos visto morir a niños y a jóvenes en accidentes o a causa de enfermedades fatales. ¿Qué podría ilustrar más claramente la sed de la eternidad que tener un ataúd frente a ti?

Puse toda mi confianza en Jesucristo para mi vida eterna. Si todavía no lo has hecho, pídele a Jesús que entre en tu corazón. Cuando se lo pidas, él estará tan feliz que te otorgará de inmediato la vida eterna. Él solo quiere que te arrepientas y confieses tus pecados. Él te perdonará. Cristo es la única esperanza eterna. ¡Él puede cambiar nuestra vida aquí y ahora y para siempre! Por eso invertí mi vida en dar a conocer a Jesús y lo haría de nuevo, con la ayuda de Dios.

Como dije anteriormente, dejé de ser pastor del ministerio hispano de la Catedral de Cristal porque padecí un melanoma maligno. Por gracia de Dios, mientras escribo este libro en el 2010, sigo vivo y sirviéndole.

Quisiera expresar mi gratitud al doctor Dr. Robert Schuller por tener la visión de convocarnos a formar el ministerio hispánico en la Catedral de Cristal. Yo fui el facilitador, pero la visión fue suya. También quiero darles muchas gracias a las personas que bendijeron mi vida mientras trabajé en esa Catedral.

El doctor Bruce Larson, que ahora está con el Señor, el pastor Glenn De Master y el doctor Jim Kock, quienes me brindaron siempre su apoyo durante el tiempo que trabajamos juntos y con los que ahora compartimos un grupo pequeño para apoyarnos unos a otros en oración.

También quiero agradecer de manera muy especial a los miembros de mi organización, Juan Carlos Ortiz Ministry, al Sr. Bob Ravenscroft, quien es el presidente y a su esposa Gretchen, al Señor Rick Mysse, vice-presidente y a su esposa Holly, al Señor Jim Dawson, el tesorero y a su esposa Susan, y al Dr. Robin Faisant, abogado y consejero espiritual y a su esposa Nancy. Todos ellos son de gran apoyo a mi ministerio, y siempre velan y oran por mí.

Hoy soy el presidente de la Escuela de Teología de la Universidad Shepherd de Los Ángeles, con extensión en Japón, Corea del Sur, Italia, Argentina y Guatemala. Es sorprendente ver la dedicación en el servicio al Señor que tienen estos jóvenes. Tengo la suerte de trabajar junto al doctor Shalom Kim, decano de la universidad.

También continúo aceptando compromisos a fin de impartir conferencias para líderes y pastores de todo el mundo.

Ignoro si viviré hasta los 80, 90 o 100 años de edad, pero sí sé que ha valido la pena servir al Señor desde mi niñez.

Tengo la intención de continuar a su servicio hasta que él me llame. Como dice el apóstol Pablo: «Estar con él es mucho mejor».

PARA REFLEXIONAR: ¿Has aceptado a Cristo como tu Señor y Salvador? Si aún no lo has hecho, ¿considerarías hacerlo ahora? «*Si confiesas con tu boca que Jesús es el Señor, y crees en tu corazón que Dios lo levantó de entre los muertos, serás salvo. Porque con el corazón se cree para ser justificado, pero con la boca se confiesa para ser salvo*» (Romanos 10:9-10).

Si eres cristiano, ¿estás aprovechando cada minuto de tu vida? ¿Qué haríamos si nos dijeran que solo nos quedan unas pocas semanas o días de vida? ¿Por qué no lo hacemos ahora, cuando tenemos tiempo?

ANEXO
¿Cómo me imagino a Dios?

Cuando era joven, me imaginaba a Dios tal como nos dice Isaías 6, en un trono exaltado, y Apocalipsis, en un trono con el Cordero a su diestra. Sin embargo, al leer más las Escrituras descubrí que esas imágenes eran solo antropomorfismos, es decir, una forma humana de explicar cosas divinas inexplicables, porque es imposible describir en lenguaje humano y con nuestras mentes limitadas cómo es realmente Dios. Por lo tanto, usamos palabras e ideas comprensibles para nuestra mente, como «trono», «las orlas de su manto», «relámpagos y truenos» y otras más. Pero no sabemos exactamente cómo es en realidad Dios. Nunca, mientras estemos en la tierra, podremos pintar una imagen real o incluso en nuestra imaginación de cómo es él. Sin embargo, a medida que crece nuestra amistad con el Señor en los devocionales, hay pasajes de las Escrituras que no me llamaban la atención, pero ahora comenzaron a brillar más.

Mientras experimento nuevas necesidades en mi deseo de conocer a Dios, los versículos de las Escrituras que conozco, que a veces pasé por alto, vienen a mi mente con un nuevo significado.

Incluso palabras teológicas que aprendemos de memoria y cuya definición recitamos, obtienen nuevas dimensiones.

«Dios es omnipresente», por supuesto, significa que él está presente en todos lados al mismo tiempo, ¿pero qué representa esto? «¿A dónde podría alejarme de tu Espíritu? ¿A dónde podría huir de tu presencia?» (Salmo 139:7). Esto significa que Dios es un espíritu invisible que está en todas partes y no sentado en un trono en algún sitio de otra galaxia.

«Al despertar Jacob de su sueño, pensó: "En realidad, el Señor está en este lugar, y yo no me había dado cuenta". Y con mucho temor, añadió: "¡Qué asombroso es este lugar! Es nada menos que la casa de Dios; ¡es la puerta del cielo!"» (Génesis 28:16).

Esto significa que Dios no solo estaba en ese lugar, sino que estaba dentro de Jacob haciéndolo soñar y él no lo había advertido. Dios estaba allí, incluso cuando Jacob no era consiente de ello ni pensaba en él u oraba a él, sino que estaba profundamente dormido. Significa que todo lugar es «asombroso», «casa de Dios» y al mismo tiempo «puerta del cielo». No tenemos que buscarlo, ni hacer un esfuerzo para concentrarnos, él mora alrededor de nosotros y en nosotros continuamente porque es omnipresente. «Pero ¿será posible, Dios mío, que tú habites en la tierra? Si los cielos, por altos que sean, no pueden contenerte, ¡mucho menos este templo que he construido!» (1 Reyes 8:27).

Salomón obtuvo esta revelación luego de terminar esa gran y lujosa obra de arte: El templo. ¿Cómo puede un hombre construir un edificio donde moraría Dios? Le había sido revelado esto: «He aquí que los cielos, los cielos de los cielos, no te pueden contener». Tal como hizo Salomón, debemos detenernos y pensar si las tradiciones de nuestra religiosidad son correctas.

«El que descendió es el mismo que ascendió por encima de todos los cielos, para llenarlo todo» (Efesios 4:10). Jesús «llena todo». Dios cubre y llena el universo. Él está sobre, debajo, alrededor y dentro de él, en cada átomo, pero ¿cómo puede estar alrededor o debajo o por encima del infinito? No podemos entender el infinito. Dios es infinito y eterno.

«Esto lo hizo Dios para que todos lo busquen y, aunque sea a tientas, lo encuentren. En verdad, él no está lejos de ninguno de nosotros, "puesto que en él vivimos, nos movemos y existimos". Como algunos de sus propios poetas griegos han dicho: "De él somos descendientes"» (Hechos 17:27-28).

Pablo nos asegura que vivimos, nos movemos y tenemos nuestro ser en él. ¡El universo está en él!

Esto se encuentra en muchos pasajes de las Escrituras, pero nuestra religión parece presentar a Dios como algo que está allí arriba y al que debemos implorar, clamar y gritar para que él baje su presencia y nos visite los domingos por la mañana. Pablo dice: «Pues ustedes han muerto y su vida está escondida con Cristo en Dios» (Colosenses 3:3).

ENTONCES, ¿DÓNDE ESTÁ DIOS? ¡MÁS CERCA DE LO QUE PIENSAS!

«Para que todos sean uno. Padre, así como tú estás en mí y yo en ti, permite que ellos también estén en nosotros, para que el mundo crea que tú me has enviado» (Juan 17:21). Según Jesús, Dios está en él, él está en Dios y él ora para que nosotros también estemos en ellos. No tenemos un Dios como el resto del mundo que está en algún lugar de allí arriba. No tenemos que ir a la iglesia el domingo por la mañana para experimentar su presencia. Existimos, vivimos y nos movemos en él.

Puesto que es omnipresente, no solo abarca todo, sino que penetra, ingresa y mora dentro de cada célula y cada átomo. Sabe qué sucede dentro de cada una de nuestros trillones de células y conoce cada gen. Incluso sabe cuándo se cae uno de nuestros cabellos. Es consciente de cada pájaro que muere.

Cuando se escribió la Biblia, no se conocían las microondas. Ahora podemos comprender que así como las microondas, él atraviesa todo. Es como las ondas de radio y televisión, los teléfonos celulares, los satélites y los radares. Está en todas partes. Las microondas invisibles atraviesan paredes y cuerpos humanos. Sabemos que están allí, porque aparecen en nuestro monitor de televisión, en la computadora o en el teléfono tan pronto como pulsamos el botón. Todas las imágenes y el sonido están a nuestro alrededor y pasan a través de nosotros a pesar de que no los vemos.

Dios está alrededor, ingresa en todo y vive en su creación. Él está en todas las frecuencias. Mora en nuestra mente (1 Corintios 2:18). Conoce nuestros pensamientos. Él está en nuestro espíritu o conciencia, en nuestra alma o ser emocional y en nuestro cuerpo físico. Conoce nuestras intuiciones, nuestro consciente, inconsciente y subconsciente. Conoce todo antes de que hablemos (Mateo 6:8).

Él creó la primera célula y puso en ella toda la información para reproducirse, y sigue formando personas y reproduciéndolas. Hizo las mutaciones necesarias al genoma para iniciar razas diferentes de diversos colores, diferentes especies de animales y plantas. Significa que él continúa creando. Él es el Creador eterno y es verdaderamente omnipresente. Todo el universo está dentro de él. Y allí también estamos nosotros. Porque «él es anterior a todas las cosas, que por medio de él forman un todo coherente» (Colosenses 1:17) y «el que sostiene todas las cosas con su palabra poderosa» (Hebreos 1:3).

«SEÑOR, tú me examinas, tú me conoces. Sabes cuándo me siento y cuándo me levanto; aun a la distancia me lees el pensamiento. Mis trajines y descansos los conoces; todos mis caminos te son familiares. No me llega aún la palabra a la lengua cuando tú, SEÑOR, ya la sabes toda. Tu protección me envuelve por completo; me cubres con la palma de tu mano. Conocimiento tan maravilloso rebasa mi comprensión; tan sublime es que no puedo entenderlo» (Salmo 139:1-6).

Él es accesible dentro de nosotros. No tenemos que ir a ninguna parte para buscarlo, «puesto que en él vivimos, nos movemos y existimos». No tenemos que gritar ni hacer ningún esfuerzo. No tenemos que abrir la boca ni mover la lengua; podemos hablar directamente con él en nuestra mente, en nuestro ser interior, porque él está allí. Pensar en él es hablar con él.

«Ciertamente, la palabra de Dios es viva y poderosa, y más cortante que cualquier espada de dos filos. Penetra hasta lo más profundo del alma y del espíritu, hasta la médula de los huesos, y juzga los pensamientos y las intenciones del corazón. Ninguna cosa creada escapa a la vista de Dios. Todo está al descubierto, expuesto a los ojos de aquel a quien hemos de rendir cuentas» (Hebreos 4:12-13).

«Nosotros, por nuestra parte, tenemos la mente de Cristo» (1 Corintios 2:16).

El ojo humano no podría pensar ni imaginar cómo es Dios. Nadie jamás lo vio tal como es. Los seres humanos solo han oído antropomorfismos de él. Cristo fue Dios hecho hombre, pero nuevamente, de forma humana.

¿CÓMO IMAGINAS A DIOS?

Yo lo imagino como un ser omnipotente, soberano, que contiene, llena y satura todo el universo de los universos. Porque es omnipresente y omnisciente, puedo vivir conectado con él continuamente. No tengo que buscarlo ni sintonizarme con él. Basta con creer que existe. La fe es el sentido de la persona interior. Porque creo que él existe, vivo continuamente comunicado con él. Por lo siguiente: «En realidad, sin fe es imposible agradar a Dios, ya que cualquiera que se acerca a Dios tiene que creer que él existe y que recompensa a quienes lo buscan» (Hebreos 11:6).

La paráfrasis de la fe es él mismo. Si creemos que él existe, él está a mano. Está continuamente presente en todas las frecuencias. No necesitamos un número para comunicarnos con él, solo pensamos en él y él es. Cuando yo era más joven me resultaba difícil concentrarme mientras oraba, me llevaba un tiempo. Ahora es solo pensar. Es muy sencillo, y pienso constantemente en él. «En verdad, él no está lejos de ninguno de nosotros, "puesto que en él vivimos, nos movemos y existimos"». Por eso, podemos «orar sin cesar». Vivo con y en él, como con la Internet de mi casa, sin conexión alámbrica. Él siempre está en el aire y en cada cuarto; él en mí y yo en él todo el tiempo. Mira a los niños con sus nuevos teléfonos sonando todo el tiempo, simplemente pulsan un botón y el mundo está en sus manos.

No necesitamos a un líder que nos enseñe a traer la presencia de Dios a nuestras reuniones. No necesitamos un órgano, una orquesta, velas o un equipo de adoración para sentir su presencia. Vivimos por fe, no por sentimientos. Continuamente estamos ante su presencia, dormimos en su presencia y conducimos en su presencia. No tenemos que conectarnos, vivimos conectados. Él habla desde nuestras conciencias. No tengo que conectarme ni desconectarme, solo prestar atención a lo que él imprime en mí y hablarle como a un amigo que está dentro de mí. ¿Estás conectado?

Con Dios no necesitas una computadora, tú la eres, él está en tu memoria, tu conciencia es la pantalla y siempre estás encendido. Este es el significado de versículos como: «Si el Espíritu nos da vida, andemos guiados por el Espíritu» (Gálatas 5:25), «porque todos los que son guiados por el Espíritu de Dios son hijos de Dios» (Romanos 8:14) y «Dios es espíritu, y quienes lo adoran deben hacerlo en espíritu y en verdad» (Juan 4:24).

Somos un espíritu dentro de un cuerpo. Nuestro espíritu es nuestro ser interior, el verdadero yo. La adoración se produce en el ser interior que es nuestro corazón, la conciencia o el espíritu humano. Nuestro espíritu es invisible, no aparece en una radiografía o en una resonancia magnética. En realidad esto no es ningún misterio.

Pablo dice: «¿Acaso no saben que su cuerpo es templo del Espíritu Santo, quien está en ustedes y al que han recibido de parte de Dios? Ustedes no son sus propios dueños; fueron comprados por un precio. Por tanto, honren con su cuerpo a Dios» (1 Corintios 6:19-20).

Sin embargo, la adoración unida corporal y externa del servicio del domingo, cuando todos los adoradores de la iglesia se unen y oran juntos, es también importante. Soy miembro del Cuerpo de Cristo y Cristo está en mí cuando estoy solo. El devocional privado y la conexión continua con Dios es lo más importante, porque no dependen de factores externos, como la música, el equipo de adoración, la arquitectura del edificio, las velas, etc. Uno no puede llevar esas cosas a su vida diaria durante la semana para «sentir» la presencia de Dios. Realmente uno depende de su fe interior y únicamente de Dios.

El verdadero yo es quien uno es cuando está solo. La adoración privada es la más importante. Se espera que en el servicio de la iglesia uno se comporte de manera religiosa y espiritual, pero la adoración más valiosa es la que hacemos en privado, porque implica el noventa y nueve por ciento de nuestro tiempo y el verdadero yo.

No obstante, cuando asistimos a los servicios de los domingos donde todos adoramos, no como un miembro individual sino como un cuerpo, el Cuerpo de Cristo, es importante la adoración conducida por un buen líder de alabanza, buenos músicos y preparada dentro de una liturgia espiritual.

Los que adoramos continuamente en forma privada disfrutamos más de la liturgia del domingo que los que no tienen una adoración continua y privada en todas partes. La diferencia entre nuestra relación privada con Dios cuando estamos solos y una adoración pública con toda la iglesia es como cuando uno toma su té y el emparedado en el automóvil, en el escritorio, en el lugar de trabajo, en la playa en traje de baño. Cuando estamos en un hermoso edificio, con coro, órgano, trompetas, procesiones, incienso, túnicas y candelabros, es como tomar el té en la gran tienda Harrods, en la ciudad de Londres, uno de los lugares más lindos del mundo para tomar un verdadero té inglés (una experiencia maravillosa). Harrods se viste de smoking para ofrecer un té lujoso: bonita mesa, manteles blancos, cubiertos de plata, tetera de plata, hermosa vajilla, vasos de cristal, gruesas cortinas, hermosos muebles, alfombras únicas, sillas vestidas, candeleros grandes, una amplia variedad de emparedados, roscones con crema y mermelada, etc. Por supuesto que será tan costoso como un ojo de la cara... ¡pero es Harrods de Londres! Todo es muy lujoso.

Aunque en ambos casos, en tu oficina o en Harrods, el té te nutra, en Harrods no solo te nutres, sino que todos tus sentidos participan del placer: el entorno, el lugar, la belleza, los cuadros colgados de las paredes, la variedad de cosas para comer. Se apela a todos tus sentidos: la vista, el oído, el tacto y el olfato, también a tu autoestima y dignidad. Por un momento te sientes muy importante. Lo mismo ocurre con una buena liturgia los domingos. Es una adoración lujosa. Por supuesto que la liturgia de un servicio de domingo, para cumplir con su propósito, debe ser emocional, estar muy bien preparada, ser elegante, colorida, musicalmente perfecta, silogísticamente avanzando a un clímax y sin errores. Debe tener buen sonido, sin interrupciones, como una unidad.

Si tu liturgia no tiene un tema claro de principio a fin, será aburrida, desorganizada, demasiado extensa, con malos cantantes y música no muy bien ensayada. Sería como ir a Harrods y que las mesas no tuvieran manteles, que las cucharitas de té fueran cucharas de sopa, que los emparedados calientes estuvieran fríos, que los roscones fueran duros y la crema estuviera ácida, los camareros vistieran shorts o vaqueros y estuvieran descalzos. Entonces ir a Harrods sería una desilusión. No obstante, en Harrods todo ha sido pensado para que pases un día genial e inolvidable, y por supuesto, se debe pagar por ello. Así debería ser la liturgia de los domingos. ¡Si lo haces, hazlo bien!

En privado tomo mi taza de té y la disfruto. Es una necesidad. En Harrods todas las cosas que debes pagar no son indispensables para tomar una taza de té, pero es una experiencia tan lujosa y deliciosa para todos los sentidos que si puedes pagarlo, una vez cada tanto, hazlo. Yo voy a Harrods solo alguna vez cuando viajo a Inglaterra, y eso no es muy frecuente.

La liturgia debe llevarse a cabo pensando en Dios y en los elementos que elevarán las emociones de las personas hacia Dios. A mi edad y después de haber sido ministro toda mi vida, prefiero la liturgia que tenga contenido. Me gustan las trompetas que convocan a adorar, un himno clásico y coros de la década de los 80, bailes, una buena escena u obra de teatro, un breve testimonio, un mensaje que diga por lo menos algo que sea nuevo para mí, y una invitación al final junto a una bendición bien pensada. Todo sobre el mismo tema, todo conectado como una cadena, como un dominó de principio a fin, como la línea de la fábrica de coches, que comienza con el chasis, y se construye en el camino hasta que del otro extremo sale un automóvil hermosamente completo.

Desde la invocación a la bendición, debe ser como una obra de arte. Las personas deben salir del servicio sabiendo exactamente qué quiere Dios de ellas, porque como dije en las primeras páginas del libro, esto debe verse en las canciones, en las oraciones, en los testimonios, en las obras de teatro, en el sermón, en la invitación y en la bendición.

A SOLAS CON DIOS

Las personas me preguntan cuánto tiempo aparto para estar a solas con el Señor. Mi respuesta es: «Tan pronto como usted se vaya, yo estaré a solas con él. Él está continuamente en mi mente». Desde que digo buenas noches y beso a Martha hasta que me duermo, estoy acompañado por él, a veces una o incluso dos horas. Cuando no puedo dormirme es porque nuestra conversación es demasiado interesante. Luego me despierto por lo menos dos veces durante la noche e interactúo con él mientras vuelvo a quedarme dormido. Después, cuando me despierto en la mañana hasta que me levanto de la cama, mientras conduzco y en todo momento en soledad, no estoy solo. Me encanta estar solo con él; soy yo mismo cuando estoy solo. No tengo que crear oraciones porque él sabe quién soy, qué hago o no hago y qué pienso. Él conoce mis motivaciones antes de mis acciones.

Cuando oro en público no puedo evitar ser consiente de los demás y tener más cuidado al seleccionar mis palabras. Pero cuando estoy solo, soy más sincero, digo las cosas como son, hago una verdadera confesión, reviso mis últimas acciones y le pregunto qué piensa.

Desde joven cambié la palabra oración, primero por «conversar con Dios», luego por «conectarme con Dios», pero en los últimos años la cambié por «romance con Dios», porque es un placer y se basa en el amor. No como las antiguas cadenas de oración, las vigilias y los ayunos que se basaban en obras, eran aburridos y no resultaban agradables. Si no es una experiencia de amor, no tiene valor, dice Pablo en 1 Corintios 13.

Ingresa a esta vida de romance. No iguales la oración a pedir. El romance es darse uno al otro y la relación es puro placer. No pidas cosas que él espera que hagas, ni cosas que ya te ha prometido otorgar si buscas primero su Reino. Usa la mayor parte de tu tiempo con él para apreciar y agradecer todas las cosas de este mundo que disfrutamos por su perdón, su salvación y la vida eterna. Dile que su gracia te basta. Regocíjate en que tu nombre esté escrito en el libro de la vida más que en ejercer los dones del Espíritu. Y cuando suceda algo malo, no te ofendas con él. Cuando él hace algo que no comprendo, pienso: Si me alejo de él, «¿a quién iremos? Tú tienes palabras de vida eterna» (Juan 6:68). ¡Qué es más importante! Nuestra fe, nuestro amor y nuestro compromiso con Dios, en los momentos difíciles deben hacernos decir lo que dijo Job:

«Jehová dio, y Jehová quitó; sea el nombre de Jehová bendito» (1:21, RVR 1960).

«He aquí, aunque él me matare, en él esperaré» (13:15, RVR 1960)

«Yo sé que mi Redentor vive, y al fin se levantará sobre el polvo» (19:25, RVR 1960).

«Mas él conoce mi camino; me probará, y saldré como oro» (23:10, RVR 1960)

Esta es mi experiencia espiritual con Dios.

POESÍA

Con todo nuestro respeto y aprecio al Rvdo. Juan Carlos Ortiz (compuesta por un líder de la iglesia italiana que me conoció desde joven y me la dedicó hace poco en un agazajo con motivo de mi visita a la iglesia de mi juventud.)

Hoy les queremos contar
Alguna que otra mención
De quien vino a predicar
Para esta convención

Nació el mozo en cuestión
Allá por el 30 y pico
Y de 5 hermanitos
Llego pa' ser el más chico
Fue educado con amor
Por una madre cristiana
Que paciente lo condujo
En la vida cotidiana

Se convirtió en la familia
Cuando era chiquito el mozo
Y fue con los Hermanos Libres
Que aceptó a Jesús con gozo
Pero pasado algún tiempo
Los chicos con la mamá
Decidieron fijar base
En la iglesia pentecostal

Fue en el barrio de Devoto
Que Juan Carlos comenzó
A dar los primeros pasos
En la obra del Señor

Uno de los pioneros
Que lo condujo en su andar
Fue don Miguel Petrecca
Quien lo impulsó a predicar

En la iglesia era un tiempo
Rígido y de prohibición
Pero, Juan Carlos Ortiz
Siempre fue un rebeldón

Dicen que en aquella época
Para poder predicar
Debían ponerse saco
Y corbata no olvidar

Pero Juan Carlos venía
Camisa y campera en mano
Predicaba sin corbata
Sorprendiendo a los hermanos

Los jóvenes lo seguían
Porque era un muchacho audaz
Él siempre iba de frente
No hacía cosas por atrás

Medio revolucionario
Siempre fue un innovador
De las noches de vigilia
Fue, en Devoto, iniciador

En su afán de predicar
Un mensaje diferente
Se peleaba con los curas
Pero atraía la gente.

Allá en Capilla del Monte
Uno de los bautismos
Lo hizo en una pileta
De un hotel de turismo

Criticaba a religiosos
Y hasta los desafiaba
Y si le decían algo
Con gracia les contestaba

Y lo hacía convencido
Que era así como decía
Hoy se debe sonreír
Por estas cosas que hacía

Porque al paso de los años
Y al reconocer su error
No tuvo ningún problema
En cambiar de posición

Se hizo amigo de los curas
Los invitó a dialogar
Y hasta en su propias iglesias
Él mismo fue a predicar

Fue por los años 60
Que un mover espiritual
Hizo que Hermanos Libres
Lo fueran a consultar

Y dispuesto como siempre
En busca de algo mejor
Se sintió pez en el agua
En esta renovación

Y le costó sus problemas
En la institución que estaba
A tal punto que lo fueron
Porque de acuerdo no estaba

Pero nada lo detuvo
Para adelante siguió
Junto a la iglesia local
Que a su pastor respaldó

Y fue una época hermosa
De cambios y de sorpresas
En especial pa' los fieles
Que asistían a esa iglesia

Pues los bancos en columna
Los cambió de posición
Para estar más con la gente
Y romper la tradición

Dejó lo convencional
Del culto bien programado
Puso los bancos en rueda
Y por frente, el costado.
«Saquen la iglesia a la calle,
Y veamos que es lo que pasa».
Y con este desafío
Formó la iglesia en la plaza.

Con bancos y con equipos
Con músicos y sonidos
Tomó el Parque Rivadavia,
De esto somos testigos.

Para seguir con su línea
De nuevos emprendimientos
En el Parque Rivadavia
Hizo el primer casamiento

Y otra vez se hizo notar
Y aquí sí que fue primicia
Los diarios y las revistas
Publicaron la noticia

Margarita y Mauricio
Aunque un poco sonrojados
Se casaron al aire libre
Bajo un cielo estrellado

Por eso Juan Carlos tuvo
Fama de ser atrevido
Porque no hay quien lo detenga
Cuando el está convencido

Siempre estuvo por encima
De críticas y castigo
Y si alguien no lo quiere
Él sigue siendo su amigo

Si tratan de esquivarlo
Escuchen lo que les digo:
Él les va a dar un abrazo
Y un tradicional ¡QUERIDO!

Está casado con Martha
Quien cuatro hijos le ha dado
Y el amor por su familia
Siempre lo ha demostrado

Pero te sentimos cerca
Aunque en presencia distante
Por eso en esta ocasión
Decidimos invitarte.

Ganaste muchos amigos
Entre gente que te admira
Y otros no lo son tanto
Pero, bueno, así es la vida

Nosotros que hemos llegado
En realidad a apreciarte
Quisimos con estos versos
Nuestro cariño mostrarte

Estás en el corazón
Y también en la memoria
De esta iglesia que no olvida
Que sos parte de su historia.

Por eso te hemos llamado
Y te queremos decir
Como Cornelio dijo a Pedro:
¡Hiciste bien en venir!

Ojalá hayas disfrutado
De esta corta estadía
Y en tu memoria perdure
El recuerdo de este día

Y cuando quieras volver
A esta patria tan querida
Esta iglesia te dará
Siempre la bienvenida

Y deseamos para vos
Que el Dios de toda gracia
Que a su obra te llamó
Te siga y te persiga
Con su rica bendición.

Nos agradaría recibir noticias suyas.
Por favor, envíe sus comentarios sobre este libro
a la dirección que aparece a continuación.
Muchas gracias.

Vida@zondervan.com
www.editorialvida.com